Aktuelle Dokumente

Herausgegeben von Professor Dr. Ingo von Münch

Leitende Angestellte in privaten Unternehmen

Zusammengestellt von

Dr. Dirk Geitner

1974

Walter de Gruyter · Berlin · New York

ISBN 3 11 004599 0

Printed in Germany.

Satz und Druck: Paul Funk Buchdruckerei, 1 Berlin 30

Inhalt

Einleitung

In der innerbetrieblichen wie auch allgemein gesellschaftspolitischen Diskussion findet kaum noch eine kontroverse Auseinandersetzung statt, in der nicht auch die Stellung und Kompetenz der leitenden Angestellten sowie deren Abgrenzung zu anderen betriebsoziologischen Gruppierungen eine Rolle spielten. Der Ausgang dieser aktuellen Diskussion und die legislativen Lösungen dürften jedoch von erheblichem Gewicht für die unternehmenspolitische Gestaltung in der Bundesrepublik sein, denn schließlich stellen diese ca. 300 000 leitenden Angestellten eine der bedeutendsten Gruppen dar, die unser Wirtschaftsleben mit entscheidend prägen.

Der vorliegende Band soll dazu dienen, den gegenwärtigen Argumentationsstand um diesen spezifischen Personenverband transparent dem Leser darzubieten, und ferner Anregungen für die zukünftige gesellschaftspolitische Diskussion zu geben.

1. Der Begriff des leitenden Angestellten

Der Begriff des leitenden Angestellten ist seit jeher schillernd und unbestimmt gewesen. Diesen Zustand hat auch die Verabschiedung des neuen Betriebsverfassungsgesetzes mit ihrer umfangreichen gesetzespolitischen Materialschlacht nicht beendet. Zwar war die Stellung der leitenden Angestellten zwischen Vorstand, Betriebsrat und Belegschaft grundsätzlich ein virulenter Diskussionsgegenstand, jedoch erkannten viele Interessengruppen erst während der Vorbereitung des Gesetzes die strategische Bedeutung dieses Problemkreises. Die Unternehmerschaft vermochte erst nach Erlaß des Gesetzes die komplexe Bedeutung zu ermessen.

So hat die Begriffsbestimmung des § 5, Abs. 3, Ziffer 3, Betriebsverfassungsgesetz gegenüber der früheren Fassung (§ 4, Abs. 3, Ziffer c, Betriebsverfassungsgesetz) kaum ein geeignetes normatives Instrumentarium zur Erfassung dieser spezifischen Personengruppe geschaffen. Zwar sind als Filterwirkung die

Termini „Dienststellung und Dienstvertrag" aufgenommen und das subjektive Merkmal des „besonderen persönlichen Vertrauens" durch das objektive und funktionsgebundene Moment der „Wahrnehmung im wesentlichen eigenverantwortlicher Aufgaben" ersetzt worden, doch die bereits jetzt in der Literatur im Ergebnis divergierenden Versuche, allgemeingültige Abgrenzungskriterien zu entwickeln, und vor allem die anläßlich der Betriebsratswahlen seitens der Arbeitsgerichte aufgestellten Interpretationsmerkmale zur Konkretisierung zeigen eben, daß es sich wiederum um unbestimmte wertbezogene Begriffe handelt, durch deren Verwendung der Gesetzgeber die Regelungsbefugnisse auf die Arbeitsrechtswissenschaft und die Rechtsprechung delegiert hat.

Der Gesetzgeber geht offensichtlich von einem Interessenkonflikt zwischen der in erster Linie dem Kapitalinteresse verpflichteten und von den Kapitaleignern eingesetzten und abhängigen Unternehmens- bzw. Betriebsleitung und den Interessen der Arbeitnehmer aus. Innerhalb der Arbeitnehmerschaft gibt es soziologisch feststellbare Gruppen, die Eigeninteressen, die zum Teil mit denen anderer Arbeitnehmergruppen in Konflikt geraten können, entwickeln. In der Annahme eines übergreifenden Gesamtinteresses der Arbeitnehmer hat sich aber der Gesetzgeber dennoch vorerst für die Beibehaltung einer einheitlichen Arbeitnehmerschaft entschieden. Wenn auch in § 5, Abs. 3, Betriebsverfassungsgesetz ein Personenkreis, der arbeitsrechtlich eindeutig zu den Arbeitnehmern zählt, aus dem Anwendungsbereich des Gesetzes teilweise herausgenommen ist, so ist dies nicht geschehen wegen der betriebssoziologischen Eigenständigkeit dieser Gruppe, sondern damit begründet, daß die Trennungslinie zwischen Kapital und Arbeit nicht dadurch bestimmt wird, ob die betrieblichen Herrschaftsfunktionen kraft Kapitaleignerschaft oder im Auftrage der Inhaber ausgeübt werden, oder ob sie auf einem Arbeitsvertrag beruhen.

Es muß jedoch konstatiert werden, daß die Erfüllung eines der Merkmale, wie sie in Absatz 3 der Ziffern 1—3 genannt werden, kaum ausreichen dürfte, um einen Arbeitnehmer betriebsverfassungsrechtlich zu einem leitenden Angestellten zu machen. Diese Feststellung ist äußerst bedeutsam, denn von einer den Normzweck des Gesetzes beachtenden Ausfüllung dieses unbestimmten Rechtsbegriffes hängt es ab, ob die Trennungslinie zwischen Arbeitnehmern, die der Unternehmerseite zugeordnet werden, und solchen, die im Einklang mit ihrer arbeitsrechtlichen Stellung durch den Betriebsrat vertreten werden, richtig gezogen wird.

Angesichts dieser Rechtsunsicherheit sollte der Gesetzgeber einen nochmaligen Versuch unternehmen, die betriebssoziologische Stellung und den innerbetrieblichen Standort dieser Personengruppe neu zu umschreiben und eine betriebsverfassungsrechtliche Zuordnung vorzunehmen.

2. *Das Problem der Interessenvertretung*

Der Gesetzgeber hat es entgegen den Vorschlägen der Interessengruppen und Parteien unterlassen, eine spezische Interessenvertretung zu institutionalisieren. Nach seiner Auffassung konnte seinerzeit die betriebssoziologische Stellung der leitenden Angestellten noch nicht abschließend beurteilt werden. Insbesondere erschien es ihm noch ungewiß, ob unter Berücksichtigung sowohl der Interessen der leitenden Angestellten als auch der übrigen Arbeitnehmer des Betriebes die Errichtung einer Sondervertretung für leitende Angestellte oder vielmehr die Integration in den Betriebsrat — gegebenenfalls unter Gewährung gewisser Sonderrechte — die sachgerechte Lösung darstellte. Daher hielt er es für verfehlt, die etwa noch offenen Fragen durch die gesetzliche Institutionalisierung von Sprecherausschüssen der leitenden Angestellten im damaligen Zeitpunkt zu präjudizieren.

Das Gesetz hat also die bis zur Verabschiedung vehement diskutierte Frage, ob die leitenden Angestellten in größeren Betrieben und Unternehmungen eigene Vertretungen bilden können, zumindest expressis verbis, ungeregelt gelassen. Dieses Schweigen der Legislative impliziert allerdings weder von vornherein eine uneingeschränkte Zulässigkeit auf der einen, noch ein striktes Verbot der Bildung der Interessenvertretungen für leitende Angestellte auf der anderen Seite.

Nach herrschender Ansicht in der Rechtsliteratur und Rechtsprechung ist jedoch unter gewissen Einschränkungen die einzelbetriebliche Errichtung eines Sprecherausschusses für leitende Angestellte zulässig. Eine freiwillige Unterwerfung der leitenden Angestellten wird allerdings als unerläßlich erachtet. Die Kompetenzen einer derartigen Interessenvertretung entfalten auch keine normativen Wirkungen, sondern die Gestaltungsmöglichkeiten bewegen sich im rein schuldrechtlichen Bereich.

Auch eine tarifvertragliche Institutionalisierung von Sprecherausschüssen ist nach dem neuen Gesetz zulässig. Gelangt man zur Statthaftigkeit durch die Anwendung der Grundsätze einer verfassungskonformen Auslegung, so ist auch hier die freiwillige Unterwerfung der leitenden Angestellten erforderlich, da eine verfassungsrechtlich garantierte Normsetzungsbefugnis nicht die Erstreckungsmöglichkeit auf nichtorganisierte leitende Angestellte gewährleistet.

Obwohl sowohl die einzelvertragliche wie auch tarifvertragliche Errichtung von Sprecherausschüssen somit zulässig sind, wäre es auch bei diesem Problemkreis — insbesondere um der Einheitlichkeit und Klarheit willen — wünschenswert, wenn der Gesetzgeber zukünftig klare Rahmenvorschriften für die Gestalt und Kompetenz der innerbetrieblichen Interessenvertretungen für die leitenden Angestellten schaffen würde.

3. Der leitende Angestellte und die unternehmerische Mitbestimmung

Die derzeit geführte Diskussion um die verschiedenen Modelle einer qualifizierten Mitbestimmung wirft eine Vielzahl ordnungspolitischer Probleme von grundlegender Bedeutung auf. Sie sollte deshalb aufmerksam verfolgt werden, zumal die institutionelle Teilnahme der Arbeitnehmer oder ihrer Vertreter an der Gestaltung und inhaltlichen Festlegung des Willensbildungs- und Entscheidungsprozesses im Unternehmen nicht ohne Einfluß auf die Wirtschafts- und Gesellschaftsordnung schlechthin in unserem Staate bleiben wird.

Die insbesondere von den Freien Demokraten erhobene Forderung der selbständigen Repräsentation der leitenden Angestellten im Aufsichtsrat wirft zusätzlich schwierige gesellschaftsrechtliche Probleme auf. Andererseits ist die institutionelle Absicherung der Begründung und Erweiterung von Rechten dieser spezifischen Personengruppe, die ihre Ideen und dispositive Begabung in den Betrieb mit einbringt und nicht selten den entscheidenden Träger des Unternehmens darstellt, nicht nur unerläßlich, sondern deren Verwirklichung auch überfällig.

Allerdings lassen die meisten der den Faktor Disposition berücksichtigen Modelle jegliche Auseinandersetzung mit einem sich unvermeidlich ergebenden Hierarchiekonflikt vermissen. Dieser Konflikt ist dadurch bedingt, daß ein leitender Angestellter als Vertreter seiner Gruppe in einer Führungsinstanz tätig wird, die seiner eigenen Führungsinstanz übergeordnet ist. Das gegenwärtige Recht untersagt mit gutem Grund weitgehend diese Möglichkeit, jedenfalls hinsichtlich der Mitarbeiter, die hierarchisch nahe unter dem Vorstand angesiedelt sind, da das besondere Vertrauensverhältnis zwischen leitendem Angestellten und Vorstandsmitglied unzumutbar belastet würde. Eine derartige Koinzidenz von im Betrieb die Geschäftsleitung beratender und im Aufsichtsrat denselben Personenkreis beaufsichtigender Funktion muß zu einer unauflöslichen Konfliktsituation führen.

Abgesehen von diesem Problem, das noch der wissenschaftlichen Diskussion bedarf, kann es grundsätzlich als Fortschritt angesehen werden, wenn die Mitbestimmungsmodelle jüngeren Datums diese spezifische Mitarbeitergruppe mit einbeziehen. Eine zeitgemäße Mitbestimmungsregelung muß auch den von den leitenden Angestellten repräsentierten dritten Faktor berücksichtigen, Personen, die ihre Ideen und ihre dispositive Begabung in das Unternehmen einbringen und somit erst ein fruchtbares Zusammenwirken aller ermöglichen. Sie sind die entscheidenden Träger des Unternehmens.

Zudem wird die Entstehung einer Patt-Situation in aller Regel durch die Einbeziehung des Faktors Disposition vermieden und es kann, da die leitenden Angestellten weder der einen noch der anderen Seite eindeutig zuzurechnen sind, durch die Möglichkeit von Koalitionen zwischen jeweils zwei der nunmehr drei Partner zu einem bisher in dieser Form unbekannten Interessenausgleichs- und Koalitionsprozeß innerhalb der Organe führen. Im übrigen zeigt schon die gegenwärtige Praxis der Aufsichtsräte, daß Entscheidungen selten durch Kampfabstimmungen herbeigeführt werden, sondern auf dem Wege des Kompromisses. Dies wird umso mehr der Fall sein, wenn die Eigentümer gegen ihre eigene Führungsmannschaft stimmen müßten, um ihre Vorstellungen durchzusetzen.

Der Informationsvorsprung, den der leitende Angestellte insbesondere in dem Aufsichtsrat gegenüber externen Vertretern im Hinblick auf die Unternehmung und die unmittelbare Unternehmensumwelt hat, wird auch zu einer ausschließlich an Sachgerichtspunkten ausgerichteten optimalen Entscheidung führen. Darüberhinaus wird der leitende Angestellte vornehmlich die Interessen des Unternehmens gegenüber den Partialinteressen anderer Arbeitnehmer (Lohn) und der Kapitalgeber (Kapitalverzinsung) vertreten, wenngleich auch bis zu einem gewissen Grade eigene Partialinteressen eine Rolle spielen möge.

Die Eigenständigkeit der leitenden Angestellten kann von keiner Interessengruppe in unserem Staat bestritten werden. Geschieht dies dennoch, so wird die betriebssoziologische Problematik verkannt. Der Vorwurf, die leitenden Angestellten würden ihre Bedeutung maßlos überschätzen, naive elitere Selbstdeutungen vornehmen und gruppenegoistische Interessen vertreten, ist sicherlich nicht einer wünschenswerten rationalen und demokratischen Lösungsfindung dienlich.

In der Zukunft werden sich die leitenden Angestellten noch mehr als bisher als die tragende Gruppe in unserer pluralistischen Gesellschaft erweisen. Sie werden sich nicht als trennender, sondern im Gegenteil, als verbindender Faktor Disposition in der Unternehmenswelt integrieren. Dabei werden sie sich noch stärker als bisher zur Leistungsgesellschaft bekennen und damit zur Festigung unserer Wert- und Gesellschaftsordnung beitragen.

D. G.

I. Der Begriff des leitenden Angestellten

1. Betriebsverfassungsgesetz vom 15. Januar 1972[1]

(Auszug)

Erster Teil

Allgemeine Vorschriften

...

§ 5. Arbeitnehmer

(1) Arbeitnehmer im Sinne dieses Gesetzes sind Arbeiter und Angestellte einschließlich der zu ihrer Berufsausbildung Beschäftigten.

(2) Als Arbeitnehmer im Sinne dieses Gesetzes gelten nicht

1. in Betrieben einer juristischen Person die Mitglieder des Organs, das zur gesetzlichen Vertretung der juristischen Person berufen ist;
2. die Gesellschafter einer offenen Handelsgesellschaft oder die Mitglieder einer anderen Personengesamtheit, soweit sie durch Gesetz, Satzung oder Gesellschaftsvertrag zur Vertretung der Personengesamtheit oder zur Geschäftsführung berufen sind, in deren Betrieben;
3. Personen, deren Beschäftigung nicht in erster Linie ihrem Erwerb dient, sondern vorwiegend durch Beweggründe karitativer oder religiöser Art bestimmt ist;
4. Personen, deren Beschäftigung nicht in erster Linie ihrem Erwerb dient und die vorwiegend zu ihrer Heilung, Wiedereingewöhnung, sittlichen Besserung oder Erziehung beschäftigt werden;

[1] BGBl. 1972 I S. 13.

5. der Ehegatte, Verwandte und Verschwägerte ersten Grades, die in häuslicher Gemeinschaft mit dem Arbeitgeber leben.

(3) Dieses Gesetz findet, soweit in ihm nicht ausdrücklich etwas anderes bestimmt ist, keine Anwendung auf leitende Angestellte, wenn sie nach Dienststellung und Dienstvertrag

1. zur selbständigen Einstellung und Entlassung von im Betrieb oder in der Betriebsabteilung beschäftigten Arbeitnehmern berechtigt sind oder
2. Generalvollmacht oder Prokura haben oder
3. im wesentlichen eigenverantwortlich Aufgaben wahrnehmen, die ihnen regelmäßig wegen deren Bedeutung für den Bestand und die Entwicklung des Betriebs im Hinblick auf besondere Erfahrungen und Kenntnisse übertragen werden.

...

2. Regierungsentwurf

vom 29. Januar 1971[1]

(Auszug)

Erster Teil

...

§ 6. Arbeiter und Angestellte

(1) Arbeiter im Sinne dieses Gesetzes sind Arbeitnehmer einschließlich der zu ihrer Berufsausbildung Beschäftigten, die eine arbeiterrentenversicherungspflichtige Beschäftigung ausüben, auch wenn sie nicht versicherungspflichtig sind. Als Arbeiter gelten auch die in Heimarbeit Beschäftigten, die in der Hauptsache für denselben Betrieb arbeiten.

(2) Angestellte im Sinne dieses Gesetzes sind Arbeitnehmer, die eine durch § 3 Abs. 1 des Angestelltenversicherungsgesetzes und die hierzu erlassenen Vorschriften über die Versicherungs-

[1] BT-Drucksache VI 1786, S. 4.

pflicht der Angestellten als Angestelltentätigkeit bezeichnete Beschäftigung ausüben, auch wenn sie nicht versicherungspflichtig sind. Als Angestellte gelten auch Beschäftigte, die sich in Ausbildung zu einem Angestelltenberuf befinden, sowie die in Heimarbeit Beschäftigten, die in der Hauptsache für denselben Betrieb Angestelltentätigkeit verrichten.

. . .

3. Entwurf eines Gesetzes zur Neuregelung der Betriebsverfassung vom 16. Dezember 1968[1]

(Auszug)

Antrag der Fraktion der SPD

Erster Teil

. . .

§ 5. Arbeiter und Angestellte

(1) Arbeiter im Sinne dieses Gesetzes sind Arbeitnehmer einschließlich der zu ihrer Berufsausbildung Beschäftigten, die eine arbeiterrentenversicherungspflichtige Beschäftigung ausüben, auch wenn sie nicht versicherungspflichtig sind. Als Arbeiter gelten auch die in Heimarbeit Beschäftigten, die in der Hauptsache für denselben Betrieb arbeiten.

(2) Angestellte im Sinne dieses Gesetzes sind Arbeitnehmer, die eine durch § 3 Abs. 1 des Angestelltenversicherungsgesetzes und die hierzu erlassenen Vorschriften über die Versicherungspflicht der Angestellten als Angestelltentätigkeit bezeichnete Beschäftigung ausüben, auch wenn sie nicht versicherungspflichtig sind. Als Angestellte gelten auch Beschäftigte, die sich in Ausbildung zu einem Angestelltenberuf befinden, sowie das mit einfachen oder mechanischen Dienstleistungen beschäftigte Büropersonal.

. . .

[1] BT-Drucksache V/3658, S. 2.

4. Entwurf eines Gesetzes zur Änderung des Betriebsverfassungsgesetzes vom 16. April 1970[1]

(Auszug)

Antrag der Fraktion der CDU/CSU

Erster Teil

...

§ 19. Nicht-Arbeitnehmer

Als Arbeitnehmer im Sinne dieses Gesetzes gelten nicht

a) in Betrieben einer juristischen Person die Mitglieder des Organs, das zur gesetzlichen Vertretung der juristischen Person berufen ist,

b) die Gesellschafter einer offenen Handelsgesellschaft oder die Mitglieder einer anderen Personengesamtheit in deren Betrieben,

c) Mitglieder der Leitung des Unternehmens und deren dauernde Stellvertreter, Generalbevollmächtigte, Mitglieder der Leitung des Betriebs und deren dauernde Stellvertreter, sofern sie nicht dem Personenkreis der Buchstaben a und b angehören,

d) Personen, deren Beschäftigung nicht in erster Linie ihrem Erwerb dient, sondern vorwiegend durch Beweggründe karitativer oder religiöser Art bestimmt ist,

e) Personen, deren Beschäftigung nicht in erster Linie ihrem Erwerb dient und die vorwiegend zu ihrer Heilung, Wiedereingewöhnung, sittlichen Besserung oder Erziehung beschäftigt werden,

f) der Ehegatte, Verwandte oder Verschwägerte ersten Grades, die in häuslicher Gemeinschaft mit dem Arbeitgeber leben.

...

[1] Synopse zum BetrVG, Bonn, 1972, S. 21.

5. Entwurf eines Gesetzes zur Änderung des Betriebsverfassungsgesetzes vom 20. März 1969[1]

(Auszug)

Antrag der Fraktion der F.D.P.

...

Artikel I

Änderung des Betriebsverfassungsgesetzes

Das Betriebsverfassungsgesetz vom 11. Oktober 1952 (Bundergesetzbl. I S. 681), zuletzt geändert durch das Finanzänderungsgesetz 1967 vom 21. Dezember 1967 (Bundesgesetzbl. I S. 1259), wird wie folgt geändert und ergänzt:

1. § 4 Abs. 2 wird wie folgt geändert:
   a) Buchstabe c erhält folgende Fassung:
      „c) die leitenden Angestellten, wenn sie zur selbständigen Einstellung und Entlassung von im Betrieb oder in der Betriebsabteilung beschäftigten Arbeitnehmern berechtigt sind, oder nach Dienstvertrag oder Dienststellung regelmäßig und im wesentlichen eigenverantwortlich entweder übertragene Arbeitgeberbefugnisse wahrnehmen, oder für den Bestand und die Entwicklung des Betriebes wichtige Aufgaben aufgrund besonderer Erfahrung oder Kenntnisse, insbesondere einer abgeschlossenen Hochschulausbildung oder einer anderen in dem jeweiligen Wirtschaftszweig erforderlichen Spezialausbildung, erfüllen;".
   b) Buchstabe f erhält folgende Fassung:
      „f) der Ehegatte, Verwandte und Verschwägerte ersten Grades, die in häuslicher Gemeinschaft mit dem Arbeitgeber leben."
2. In § 7 Abs. 1 wird folgender Satz angefügt:
   „Die Voraussetzung der einjährigen Betriebszugehörigkeit

[1] BT-Drucksache V/4011.

gilt auch bei Arbeitnehmern als erfüllt, die im Zeitpunkt der Wahl ein Jahr lang ausschließlich in Betrieben des gleichen Unternehmens oder Konzerns beschäftigt sind."

3. § 9 erhält folgende Fassung:

...

6. Vorschläge des DGB zum BetrVG vom November 1969[1]

(Auszug)

...

§ 5. (Begriff des Nichtarbeitnehmers)

Als Arbeitnehmer im Sinne dieses Gesetzes gelten nicht

a) in Betrieben einer juristischen Person die Mitglieder des Organs, das zur gesetzlichen Vertretung der juristischen Person berufen ist;

b) die Gesellschafter einer offenen Handelsgesellschaft oder die Mitglieder einer anderen Personengesamtheit in deren Betrieben, es sei denn, daß sie zu der Personengesamtheit in einem Arbeitsverhältnis stehen;

e) Personen, deren Beschäftigung nicht in erster Linie ihrem Erwerb dient, sondern vorwiegend durch Beweggründe karitativer oder religiöser Art bestimmt ist;

f) Personen, deren Beschäftigung nicht in erster Linie ihrem Erwerb dient und die vorwiegend zu ihrer Heilung, Wiedereingewöhnung, sittlichen Besserung oder Erziehung beschäftigt werden;

g) der Ehegatte, Verwandte und Verschwägerte ersten Grades, die in häuslicher Gemeinschaft mit dem Arbeitgeber leben.

...

[1] Synopse zum BetrVG, Bonn, 1972, S. 21.

7. Gesetzesvorschläge der Bundesvereinigung Deutscher Arbeitgeberverbände

a) Entwurf vom April 1970[1] (Auszug)

...

§ 5

Als Arbeitnehmer im Sinne dieses Gesetzes gelten nicht ...

„die Angestellten, die regelmäßig entweder übertragene Arbeitgeberbefugnisse im wesentlichen eigenverantwortlich wahrnehmen oder für den Bestand oder für die Entwicklung des Unternehmens wesentliche Aufgaben überwiegend selbständig auf Grund ihrer besonderen Erfahrungen oder Kenntnisse, z. B. einer wissenschaftlichen Ausbildung oder eines entsprechend zu bewertenden beruflichen Entwicklungsstandes, erfüllen",

...

b) Neuer Vorschlag vom Oktober 1971[2] (Auszug)

...

„§ 5

(2) Als Arbeitnehmer im Sinne dieses Gesetzes gelten nicht ...

(3) Leitende Angestellte, wenn sie zur selbständigen Einstellung und Entlassung von im Betrieb oder in einer wesentlichen Betriebsabteilung beschäftigten Arbeitnehmern berechtigt sind oder nach Arbeitsvertrag und Stellung im Betrieb regelmäßig und im wesentlichen eigenverantwortlich entweder übertragene Arbeitgeberbefugnisse wahrnehmen oder für den Bestand und die Entwicklung des Betriebes wichtige Aufgaben

[1] Nachrichten für Angestellte, 1970, S. 13.
[2] Synopse zum BetrVG, Bonn, 1972, S. 21, 22.

auf Grund besonderer Erfahrungen oder Kenntnisse erfüllen".
...

8. Stellungnahmen der Union leitender Angestellter

a) Gesetzesentwurf über die Rechtsstellung des leitenden Angestellten in der betrieblichen Ordnung vom März 1969[1]

(Auszug)

§ 1. Personenkreis

I. Leitende Angestellte sind Angestellte, die nach Dienstvertrag oder Dienststellung regelmäßig und im wesentlichen eigenverantwortlich entweder übertragene Arbeitgeberbefugnisse wahrnehmen oder für Bestand und Entwicklung des Betriebes wichtige Aufgaben auf Grund besonderer Erfahrungen oder Kenntnisse, insbesondere einer abgeschlossenen Hochschulausbildung oder einer anderen in dem jeweiligen Wirtschaftszweig erforderlichen Spezialausbildung, erfüllen.

II. Nicht als leitende Angestellte im Sinne dieses Gesetzes gelten die gesetzlichen Vertreter der Kapitalgesellschaften und die Gesellschafter der Personalgesellschaften.

A: Grundbestimmungen für den leitenden Angestellten

§ 2. Allgemeine Pflichten des leitenden Angestellten

I. Der leitende Angestellte hat das Wohl des Unternehmens zu fördern und mit allen Personen und Personengruppen im Betrieb und im Unternehmen vertrauensvoll zusammenzuarbeiten.

II. Gegen die Unternehmensinteressen darf der leitende Angestellte nicht handeln. Soweit er dem Arbeitgeber zustehende Befugnisse wahrzunehmen hat, obliegt es ihm, für die Unternehmensinteressen einzutreten.

[1] DLA, September, 1969.

III. Bei Auseinandersetzungen über wirtschaftliche, soziale oder personelle Angelegenheiten, die nicht die leitenden Angestellten betreffen, hat der leitende Angestellte im Unternehmensinteresse diejenige Zurückhaltung zu wahren, die sich aus seiner Stellung im Betrieb oder Unternehmen und aus der Rücksicht auf seine Aufgaben ergibt.

§ 3. Allgemeine Rechte des leitenden Angestellten

I. Die Stellung als leitender Angestellter im Sinne dieses Gesetzes ist in den Dienstvertrag aufzunehmen und im Unternehmen bekanntzumachen.

II. Die wirtschaftlichen und sozialen Belange des leitenden Angestellten sind in einem angemessenen Verhältnis zu seiner Bedeutung für das Unternehmen sowie dem Besitzstand aller Unternehmensangehörigen und der Wirtschaftslage des Unternehmens festzusetzen.

III. In eigenen Vereinigungen können sich leitende Angestellte zur Wahrung und Förderung ihrer wirtschaftlichen, sozialen und rechtlichen Interessen zusammenschließen und betätigen.

IV. Ehrenamtliche Tätigkeit in Vereinigungen nach Absatz III ist ohne Einkommenskürzungen oder Anrechnung auf den Urlaub zulässig, soweit dadurch die betriebliche Tätigkeit oder die beruflichen Leistungen des leitenden Angestellten nicht nachhaltig beeinträchtigt werden.

...

b) 2. Entwurf zum Begriff des leitenden Angestellten vom 1. April 1973[1]

(Auszug)

I. Präambel, Selbstverständnis und Aufruf

1. Leitende Angestellte

Die leitenden Angestellten sind nicht ein Kind der jüngsten politischen Diskussionen um diese Personengruppe. Leitende

[1] Nicht veröffentlicht.

Angestellte begleiten die moderne Wirtschaft seit ihrem Entstehen. Es sind vor allem die Personen, die den Eigentümer eines Unternehmens in der Erfüllung hochqualifizierter und intellektueller Aufgaben vertreten. Leitende Angestellte nehmen unternehmerische Aufgaben wahr, sie sind im übertragenen Aufgabengebiet als angestellte Unternehmer tätig. Nach ihrer Satzung sieht die ULA solche Personen als leitende Angestellte an, die nach Dienstvertrag und Dienststellung regelmäßig und im wesentlichen eigenverantwortlich entweder übertragene Arbeitgeberaufgaben wahrnehmen oder für Bestand und Entwicklung des Betriebes wichtige Aufgaben aufgrund besonderer Erfahrungen oder Kenntnisse, insbesondere einer abgeschlossenen Hochschulausbildung oder einer anderen im jeweiligen Wirtschaftszweig erforderlichen Spezialausbildung, erfüllen. Auch Nachwuchskräfte für diesen Personenkreis werden selbstverständlich aufgenommen, vor allem solche mit qualifizierter Ausbildung. Ohne Anspruch auf Vollständigkeit fallen beispielsweise darunter: Prokuristen, Betriebsführer, Abteilungsleiter, Fahrsteiger im Bergbau, Generalbevollmächtigte, qualifizierte Stabs-Spezialisten wie Mathematiker, Statistiker, Justitiare, Chemiker, Ingenieure, Diplom-Kaufleute u. a. m.

2. Selbstverständnis

Während in den früheren Jahren soziale und wirtschaftliche Fragen allein den Schwerpunkt in unserer Arbeit ausgemacht haben, rücken heute darüuer hinaus Fragen der Gesellschaftspolitik mehr und mehr in den Vordergrund. Das liegt vor allem daran, daß der leitende Angestellte der immer nachdrücklicher propagierten Einengung seines Handlungs- und Verantwortungsspielraumes im Unternehmen mit aller Entschiedenheit widerstrebt. Dabei geht es den leitenden Angestellten nicht um ungerechtfertigte Privilegien, ihnen geht es darum, ihre Aufgaben — zum Wohle aller! — auch weiterhin mit der Autorität ihres Sachverstandes erfüllen zu können, unabhängig vor allem aber von Gängeleien, Unberechenbarkeit oder gar Pression.

Die leitenden Angestellten stellen in zunehmendem Maße eine eigenständige Gruppe zwischen Arbeitgeber und Arbeitnehmern dar. Das beweisen ein Blick auf die Betriebswirklichkeit und soziologische Forschungen eindeutig. Leitende Angestellte treten in ihre Position mit der durch Ausbildung oder Erfahrung bestärkten Erwartung ein, im Rahmen ihrer Tätigkeit sachorientiert-unabhängig arbeiten zu können, sowohl gegenüber dem Arbeitgeber als auch den Arbeitnehmern.

Daß die leitenden Angestellten in Wirtschaft und Gesellschaft faktisch vorhanden sind, bestreitet niemand. Es bestreitet auch niemand, daß diese leitenden Angestellten in größeren Betrieben und Unternehmen auch in Gruppen vorkommen. Die einzige Frage, die bleiben könnte, wäre die Frage danach, ob die leitenden Angestellten eine dritte Gruppe darstellen. Diese Frage ist ganz klar und eindeutig zu bejahen. Den Beweis liefert uns die betriebliche Wirklichkeit täglich. Die leitenden Angestellten sind arbeitsrechtlich unbestritten Arbeitnehmer, denn sie stehen in abhängiger Arbeit. Andererseits, und das unterscheidet sie grundlegend von anderen Arbeitnehmern, sind sie Teil der Unternehmensführung. Von der Aufgabenstellung, der Funktion, her sind die leitenden Angestellten dem Unternehmer zugeordnet. Damit steht der leitende Angestellte sowohl zum Arbeitnehmer als auch zum Unternehmer in einem mehr zur einen oder anderen Seite tendierenden Verhältnis: der leitende Angestellte hat eine Doppelstellung.

Der leitende Angestellte ist zugleich ein Kind der Leistungsgesellschaft, einer Gesellschaft, die als eine plurale Gesellschaft von vielfältigen Interessen, Gegeninteressen, Leistungsanreizen, Leistungen und Gegenleistungen getragen wird. Die leitenden Angestellten sind ein nennenswerter Teil der Kräfte, die immer wieder Impulse zur Erhaltung, Erneuerung und Fortschritt unserer Gesellschaft beitragen. Leistung oder Nichtleistung bewirken Auf- oder Abstieg in der Leistungsgesellschaft, und die leitenden Angestellten begreifen es als gerecht, wenn die Gesellschaft Leistung anerkennt und würdigt. Hierin liegt auch die tiefste Wurzel unserer Freiheit: daß wir aufgrund unseres Einsatzes und unserer Leistung den angemessenen Platz in der Gesellschaft einnehmen und ausfüllen können.

3. Schutzbedürfnis

Der leitende Angestellte steht in abhängiger Arbeit. Dies bedeutet, daß er sein Schicksal nicht losgelöst von anderen, sondern grundsätzlich in Abhängigkeit von anderen gestalten muß. Vom Grundsatz her ist der leitende Angestellte daher schutzbedürftig in sozialer und wirtschaftlicher Hinsicht, vor allem dann, wenn das Arbeitsverhältnis notleidend wird.

Schutzmaßnahmen und Schutzgesetze dürfen den leitenden Angestellten nicht grundsätzlich ausschließen. Das gilt insbesondere für den Schutz vor Lebensrisiken, die der einzelne allein nicht oder schwer meistern kann, wie die Risiken des Alters, der Invalidität, des Unfalls, der Arbeitslosigkeit und einer schleichenden Benachteiligung. Die ULA und ihre Mitgliedsverbände sehen hier wesentliche Arbeitsgebiete. Näheres später.

...

9. Bericht des Bundestagsausschusses für Arbeits- und Sozialordnung über den Regierungsentwurf und den CDU/CSU-Fraktionsentwurf zum Thema des Betriebsverfassungsgesetzes vom 22. Oktober 1971[1]

(Auszug)

...

Leitende Angestellte

Beide dem Ausschuß vorliegenden Entwürfe sahen eine Neuabgrenzung des Personenkreises der leitenden Angestellten vor. Durch die neue Abgrenzung sollte der Personenkreis der leitenden Angestellten im Verhältnis zum geltenden Recht insbesondere dadurch objektiver umschrieben werden, daß

[1] „Zur Sache“: Betriebsverfassungsgesetz, Bonn, 1972, S. 202 f.

das subjektive Abgrenzungsmerkmal des geltenden Rechts, des „besonderen persönlichen Vertrauens des Arbeitgebers", durch funktionsgebundene Merkmale ersetzt werde.

Auch der Ausschuß war einmütig der Auffassung, daß eine neue, an objektive und stärker an die Funktion dieses Personenkreises gebundene Begriffsbestimmung der leitenden Angestellten gefunden werden müsse. Deshalb wurde der Begriff der leitenden Angestellten in Anlehnung an eine Empfehlung des Rechtsausschusses neu gefaßt.

Ihre besondere in den Nummern 1 bis 3 umschriebene unternehmerische und betriebliche Funktion muß sich nach Ansicht des Ausschusses eindeutig zunächst aus ihrem Dienstvertrag und ihrer Dienststellung ergeben. Aus diesem Grunde wurden diese allgemeinen Kriterien neu in das Gesetz aufgenommen.

Die in Nummern 1 und 2 bezeichneten Funktionen entsprechen den ersten beiden Alternativen des § 4 Abs. 2 Buchstabe c des geltenden Rechts, die grundsätzlich die Anwendung dieses Gesetzes für solche leitende Angestellte ausschließen, die wegen ihrer selbständigen Entscheidungsbefugnis in personellen Angelegenheiten in einem natürlichen Gegensatz zu den übrigen Arbeitnehmern des Betriebes stehen oder im Hinblick auf ihre unternehmensrechtlichen Vollmachten ausschließlich geschäftsleitende Funktionen wahrnehmen.

In Nummer 3 werden die Voraussetzungen der dritten Alternative des § 4 Abs. 2 Buchstabe c geltenden Rechts stärker objektiviert und an die Funktion gebunden. Daher erfaßt die neue Regelung solche leitenden Angestellten, die im wesentlichen eigenverantwortlich Aufgaben wahrnehmen, die ihnen regelmäßig wegen deren Bedeutung für den Bestand und die Entwicklung des Betriebes im Hinblick auf besondere Erfahrungen und Kenntnisse übertragen werden.

...

10. Rechtsprechung

a) Beschluß des Arbeitsgerichts Frankfurt vom 10. April 1972[1]

(Auszug)

Begriff und Abgrenzung der leitenden Angestellten im Betriebsverfassungsgesetz 1972

Zum Begriff „leitender Angestellter" gemäß § 5 Abs. 3 Nr. 3 BetrVG

I. Leitsätze:

1. Nur derjenige Arbeitnehmer ist leitender Angestellter im Sinne des § 5 Abs. 3 Nr. 3 BetrVG, der eine echte unternehmerische Leitungsfunktion inne hat. Das „Leiten" im Wortsinn des leitenden Angestellten ist die Betätigung der unternehmerischen Leitungsfunktion.

2. Die Schlüssel- und Stabsstellenfunktion ist kein Kennzeichen der leitenden Stellung, sondern nur deren allgemein übliche Voraussetzung. Das gesetzliche Merkmal der Schlüsselstellung enthält nur eine Aussage über die Wertigkeit der Stellung in ihrer Beziehung zum Arbeitgeber.

3. Die Bestimmung des § 5 Abs. 3 Nr. 3 BetrVG ist eng auszulegen: ihr darf nicht die Eigenschaft eines sog. Anfangtatbestandes zukommen.

Aus den Gründen:

1. Leitende Angestellte gemäß § 5 Abs. 3 Nr. 3 BetrVG

„Gemäß § 5 Abs. 3 Nr. 3 BetrVG findet das Betriebsverfassungsgesetz auf leitende Angestellte keine Anwendung, wenn sie nach Dienstvertrag und Dienststellung im wesentlichen eigenverantwortliche Aufgaben wahrnehmen, die ihnen regelmäßig wegen deren Bedeutung für den Bestand und die Entwicklung des Betriebes im Hinblick auf ihre besonderen Erfahrungen und Kenntnisse übertragen werden. Diese Voraussetzungen treffen nur für 11 der 27 beteiligten Angestellten zu. Aus Sinn und Zweck des Gesetzes muß das Gemeinsame,

[1] BB 1972/962.

das die leitenden Angestellten mit Vertrauensvollmacht bzw. Einstellungs- und Entlassungsbefugnis mit den ihnen gleichgestellten Personen der dritten Gruppe, um die es hier geht, verbindet, in der funktionalen Stellung im Betrieb und der sich daraus ergebenden vom Gesetzgeber unterstellen Interessenfremdheit gegenüber der Belegschaft zu suchen sein. Wenn dieses Merkmal fehlt, ist auch bei Zutreffen eines oder mehrerer sonstiger Punkte der Nummer 3 der genannten Bestimmung die Eigenschaft als leitender Angestellter zu verneinen. Diese setzt eine objektive funktionale Identifizierung mit dem Arbeitgeber und eine Teilnahme an seiner Leitungsaufgabe voraus. Hieraus ergibt sich, daß nur derjenige Arbeitnehmer leitender Angestellter ist, der eine echte unternehmerische Leitungsfunktion inne hat. Das ‚Leiten' im Wortsinn des leitenden Angestellten ist die Betätigung der unternehmerischen Leitungsfunktion. Darin äußert sich, daß der Leitende unternehmerische Entscheidungen trifft. Der leitende Angestellte muß aufgrund seiner Leitungsbefugnis und Selbständigkeit im gleichen Interessengegensatz zu den Geleiteten stehen wie der Arbeitgeber, er muß also Arbeitgeberfunktionen ausüben. Dabei ist davon auszugehen, daß der leitende Angestellte als eine an der Leitung des Unternehmens beteiligte Person zu sehen ist.

Bei der Führung eines Unternehmens sind folgende Funktionsbezeichnungen festzustellen:

a) Vorgesetztenstellung (oder kollegiale Mitteilung)
b) funktionale Leitungsbefugnis
c) beratende Stellung
d) ausführende Arbeit.

Die echte unternehmerische Leitungsfunktion findet man nur in den Bereichen a) und b).

Unter Berücksichtigung der dargelegten Grundsätze waren die Beteiligten ... leitende Angestellte im Sinne des § 5 Abs. 3 Nr. 3 BetrVG einzustufen."

2. Inhaber von Schlüssel- und Stabsstellen

„Die übrigen beteiligten Mitarbeiter sind keine leitenden

Angestellten im Sinne des § 5 Abs. 3 Nr. 3 BetrVG, so daß der Antrag insoweit zurückzuweisen war.

Es ist zwar davon auszugehen, daß diese Mitarbeiter alle Inhaber von sogenannten Schlüssel-, Stabsstellen sind bzw. Sonderabteilungen vorstehen. Es sind Positionen, die, wie § 5 Abs. 3 Nr. 3 BetrVG aussagt (... ,deren Bedeutung für den Bestand und die Entwicklung des Betriebes ...'), für das Unternehmen von großer Wichtigkeit und Bedeutung sind. Charakteristisch für die Schlüsselkraft ist, daß der Betrieb in erheblichem Grade von ihrem Arbeitsergebnis abhängig ist. Die Schlüssel- und Stabsstellenfunktion ist jedoch, und das ist hier entscheidend, kein Kennzeichen der leitenden Stellung, sondern nur deren allgemein übliche Voraussetzung. Die Tatsache der Inhaberschaft einer solchen Schlüssel-, Stabs- und Spezialistenstelle ist nicht dem Begriff ,leitender Angestellter', wie ihn § 5 Abs. 3 Nr. 3 BetrVG verstanden wissen will, gleichzusetzen. Das gesetzliche Merkmal der Schlüsselstellung enthält nur eine Aussage über die Wichtigkeit der Stellung in ihrer Beziehung zum Arbeitgeber. Dieses Merkmal läßt keinen Rückschluß auf die Übertragung von Leistungsfunktionen, also im Bereich der unternehmerischen Ebene, zu. Es ist somit kein Kennzeichen für eine leitende Stellung (Böker, Der leitende Angestellte, Funktionen und Merkmale aus arbeitsrechtlicher Sicht, Dissertation 1969 S. 150). Hieraus folgt, daß der betriebsverfassungsrechtliche Begriff des leitenden Angestellten eng auszulegen ist. Der Nummer 3 darf nicht die Eigenschaft eines sogenannten Auffangtatbestandes zukommen, d. h. daß Personen als leitende Angestellte bezeichnet werden, die lediglich eine Spezialisten- oder Stabsstellung inne haben. Entscheidend ist, wie eingangs dargelegt wurde, daß leitender Angestellter im Sinne des Betriebsverfassungsgesetzes nur derjenige ist, der eine unternehmerische Leitungsfunktion wahrnimmt, d. h. es muß sich um eine Aufgabenstellung auf der Leistungsebene der Führung und Leitung des Unternehmens handeln.

Die hochqualifizierte Tätigkeit ist für sich allein kein Einordnungsmerkmal, denn sie begründet noch keinen Interessengegensatz zu der übrigen Arbeitnehmerschaft, der die Heraushebung als leitender Angestellter rechtfertigen würde. Die Heraushebung der Gruppe der leitenden Angestellten ist nur dann gerechtfertigt, wenn diese mit der übrigen Arbeitnehmerschaft so weitgehend in einem Interessengegensatz steht, daß eine gemeinsame Interessenwahrnehmung nicht mehr möglich ist. Der Interessengegner ist der Arbeitgeber, aber auch derjenige Angestellte, der dessen Funktionen ausübt (Böker, a. a. O., Sa. 18)."

b) Beschluß des Arbeitsgerichts Hamm vom 13. Juni 1972[1]

Keine Berücksichtigung der leitenden Angestellten bei Bestimmung der Zahl der Betriebsratsmitglieder

Leitsätze:

1. Die Anfechtung der Betriebsratswahlen muß gegenüber dem Betriebsrat erfolgen.

2. Bei der Ermittlung der Zahl der Betriebsratsmitglieder nach § 9 BetrVG gelten leitende Angestellte nicht als Arbeitnehmer.

Sachverhalt:

Eine im Betrieb vertretene Gewerkschaft hat eine Wahl in einem Betrieb mit der Begründung angefochten, daß, statt wie im Wahlausschreiben vorgesehen sieben, neun Betriebsratsmitglieder zu wählen gewesen wären, da bei Hinzurechnung der leitenden Angestellten die Zahl der in der Regel beschäftigten Arbeitnehmer über 300 liege. Sie hat ihren Antrag an das Arbeitsgericht gegen den Wahlvorstand gerichtet. Das Arbeitsgericht hat den Antrag zwar für zulässig, aber als unbegründet angesehen:

Aus den Gründen:

I. Zulässigkeit der Wahlanfechtung

„Der Antrag ist zwar gemäß § 2 Abs. 1 Nr. 4 ArbGG in Verbindung mit § 19 BetrVG zulässig. Daß die Antragstellerin [Gewerkschaft] in ihrem Antrag während der Frist des

[1] BB 1972/918.

§ 19 Abs. 2 BetrVG den Wahlvorstand angegeben hat, ist unschädlich. Sachlich betrifft an sich die Wahlanfechtung den Betriebsrat, der in der angefochtenen Wahl gewählt worden ist, da der Wahlvorstand sein Amt mit Abschluß der durchgeführten Wahl verloren hat.

Vgl. BAG, AP Nr. 11 zu § 76 BetrVG 1952[1]; Fitting/Auffarth, BetrVG 1972 nebst Wahlordnung, § 19 Randnrn. 22, 24; Brecht, Kommentar zum BetrVG 1972 nebst Wahlordnung, § 19 Randnr. 12.

Im Beschlußverfahren ist es jedoch erforderlich, daß der Antragsteller von sich aus den von der Wahlanfechtung Betroffenen bezeichnet. Es reicht insoweit vielmehr aus, daß er dem Gericht gegenüber erklärt, er fechte die Wahl an. Damit ist hinlänglich die Anfechtung der Betriebsratswahl klargestellt. Wenn es folglich nicht erforderlich ist, daß der materiell betroffene Betriebsrat als Antragsgegner im Antragsschreiben bezeichnet wird, so ist es ebenfalls unschädlich, daß stattdessen eine nicht von der Wahlanfechtungsstelle, hier nämlich der Wahlvorstand, als Antragsgegner bezeichnet wird. Auch dann bleibt klar, daß eine Anfechtung der Betriebsratswahl in Rede steht. Der Antrag mußte somit ebenfalls dem Betriebsrat zugestellt werden. Die im Schriftsatz vom 9. 5. 1972 abgegebene Erklärung ist demzufolge sachlich bedeutungslos (vgl. BAG, AP Nr. 14 zu § 18 BetrVG 1952[2], mit zustimmender Anmerkung von Neumann-Duesberg).

Der Antrag ist dem Betriebsrat zwar erst am 15. 5. 1972 zugestellt worden, also an einem Tage, an dem die Zweiwochenfrist des § 19 Abs. 2 BetrVG bereits abgelaufen war. Zur Fristwahrung reicht aber auch im Falle des § 19 BetrVG der Eingang der Antragsschrift beim Arbeitsgericht aus. Dies folgt letztlich aus § 496 Abs. 3 ZPO, wonach zur Fristwahrung die Einreichung des Schriftsatzes bei Gericht ausreicht. Die Antragstellerin hat auch mit dem angegriffenen Punkt, nämlich der nicht ordnungsgemäß gewählten Anzahl an Betriebsratsmitgliedern vorgetragen, daß wesentliche Vorschriften des

[1] BAG, 26. 10. 1962, BB 1963 S. 140.
[2] BAG, 24. 5. 1965, BB 1965 S. 1068.

Wahlverfahrens nicht beachtet worden sind, so daß auch aus diesem Grunde der Antrag zulässig ist (vgl. Fitting/Auffarth, a. a. O., § 9 Randnr. 14)."

II. Zahl der Betriebsratsmitglieder

„Der Antrag ist aber unbegründet. Entgegen der Auffassung der Antragstellerin wurde mit der am 25. 4. 1972 durchgeführten Wahl zum Betriebsrat die gemäß § 9 BetrVG normierte Anzahl an Betriebsratsmitgliedern gewählt. Bei der Bestimmung der Anzahl der zu wählenden Mitglieder zum Betriebsrat sind nämlich nicht die leitenden Angestellten zu berücksichtigen, die unter den Beteiligten unstreitig mit der Zahl 17 angegeben werden. Der Betrieb der Firma X. fällt in die Gruppe von 151 bis 300 Arbeitnehmern, so daß der 7köpfige Betriebsrat die vom Gesetz vorgesehene Mitgliedsstärke aufweist. § 9 BetrVG, der die Zahl der Betriebsratsmitglieder bestimmt, weist insgesamt drei Stufen auf. In den ersten beiden Stufen richtet sich die Anzahl der Betriebsratsmitglieder nach den im Betrieb vorhandenen wahlberechtigten Arbeitnehmern, das sind Arbeitnehmer, die das 18. Lebensjahr vollendet haben, vgl. § 7 BetrVG. Die dritte Stufe sieht hingegen vor, daß die Zahl der Betriebsratsmitglieder von der Zahl der im Betrieb tatsächlich vorhandenen Arbeitnehmer abhängt. Im Gegensatz zu den ersten beiden Stufen wird hier somit auf die mangelnde Wahlberechtigung des Arbeitnehmers keine Rücksicht genommen. Das hat zunächst zur Folge, daß auch die Zahl der jugendlichen Arbeitnehmer, die noch nicht das 18. Lebensjahr vollendet haben, bei der Bestimmung der Anzahl der Betriebsratsmitglieder berücksichtigt wird. Das hat seinen Grund darin, daß deren Interessen nicht nur von der Jugendvertretung, sondern auch vom Betriebsrat wahrgenommen werden.

Unter den Begriff des Arbeitnehmers dieser dritten Stufe fällt aber nicht der im § 5 Abs. 3 BetrVG genannte leitende Angestellte. Zwar ist unumstritten, daß auch die leitenden Angestellten im arbeitsrechtlichen Sinne Angestellte, d. h. Arbeitnehmer sind. Darüber hinaus gilt, daß die leitenden Angestellten des § 5 Abs. 3 BetrVG auch Arbeitnehmer im Sinne des

§ 5 Abs. 1 BetrVG sind, da sie nicht unter die Gruppe des § 5 Abs. 2 BetrVG fallen.

Vgl. Stege/Weinspach, BetrVG 1972, Handbuch für die Betriebliche Praxis, S. 39, 84; Boldt, Die Rechtsstellung der leitenden Angestellten, in Beilage zum Betrieb Nr. 5 aus 72, S. 8; Boldt, Rechtsgutachten zur Abgrenzung der leitenden Angestellten, S. 33.

Durch diese Regelung hat der Gesetzgeber gegenüber dem Betriebsverfassungsgesetz 1952 eine Klarstellung gebracht und die damals vorherrschende Meinung, daß auch leitende Angestellte Arbeitnehmer im arbeitsrechtlichen Sinne sind, gesetzlich normiert. Aus diesem Ergebnis ist aber entgegen der Auffassung des Arbeitsgerichts Dortmund (Beschluß vom 10. 4. 1972 — 4 BV 5/72 —) und wohl auch der Auffassung Richardis (DB 1972 S. 484) nicht zu entnehmen, daß auch der leitende Angestellte als Arbeitnehmer im Sinne der dritten Stufe des § 9 BetrVG gilt. Vielmehr bestimmt zunächst § 5 Abs. 3 BetrVG, daß auf leitende Angestellte das Betriebsverfassungsgesetz insoweit keine Anwendung findet, als dies nicht ausdrücklich im Gesetz bestimmt ist. Das hat zur Folge, daß die leitenden Angestellten weder ein aktives noch ein passives Wahlrecht zum Betriebsrat haben und von diesem dementsprechend nicht repräsentiert werden (vgl. Richardi, a. a. O.; Stege/Weinspach, a. a. O., S. 39, 84; Brecht, a. a. O., § 5 Randnr. 19). Zunächst ist festzuhalten, daß das Betriebsverfassungsgesetz 1972 den Grundsatz des § 5 Abs. 3 BetrVG konsequent durchführt. So erwähnt es die leitenden Angestellten nicht bei den personellen Mitbestimmungsrechten des Betriebsrates, bezieht den leitenden Angestellten aber ausdrücklich in die §§ 75, 105, 107 Abs. 1 Satz 2, und 108 Abs. 2 Satz 2 BetrVG ein. So spricht z. B. § 75 BetrVG von allen im Betrieb tätigen Personen; § 105 BetrVG bezieht sich auf das Mitwirkungsrecht des Betriebsrates bei der beabsichtigten Einstellung beziehungsweise personellen Veränderung eines leitenden Angestellten; § 107 BetrVG bestimmt, daß auch leitende Angestellte als Mitglieder des Wirtschaftsausschusses bestimmt werden können; § 108 BetrVG regelt schließlich, daß der Unternehmer sachkundige Arbeitnehmer einschließlich der leitenden

Angestellten zu den Sitzungen des Wirtschaftsausschusses hinzuziehen kann. Zum anderen ist festzuhalten, daß das Betriebsverfassungsgesetz 1972 den Begriff des Arbeitnehmers nur im Zusammenspiel von § 5 Abs. 1 BetrVG mit § 5 Abs. 3 BetrVG sieht. Das folgt aus den Vergleichen der einzelnen Vorschriften. Dies wird insbesondere im § 108 Abs. 2 Satz 2 BetrVG deutlich. Hier verwendet der Gesetzgeber nämlich ebenso wie im § 9 BetrVG den allgemeinen Begriff des Arbeitnehmers und erwähnt darüber hinaus ausdrücklich den leitenden Angestellten. Wäre es tatsächlich der Wille des Gesetzgebers gewesen, in den einzelnen Vorschriften von einem unterschiedlichen Arbeitnehmerbegriff auszugehen, so hätte er es deutlich zum Ausdruck bringen müssen. Vielmehr muß festgehalten werden, daß der betriebsverfassungsrechtliche Arbeitnehmerbegriff wesentlich enger ist, als der arbeitsrechtliche Arbeitnehmerbegriff und daß hieraus konsequent folgt, daß der leitende Angestellte nicht zur Belegschaft des Betriebsverfassungsrechts gehört (vgl. Richardi, DB 1972 S. 484). Wohl ist dem Arbeitsgericht Dortmund zuzugeben, daß es sich bei § 9 BetrVG dritte Stufe nicht auf die Rechts- beziehungsweise Pflichtenstellung des leitenden Angestellten ankommt[3], sondern hier nur die Bestimmung der Mitgliederzahl des Betriebsrates maßgeblich ist, und daß diese sich nach einem objektiven Merkmal, nämlich der Zahl der Arbeitnehmer des Betriebes richtet. Auch ist zuzugestehen, daß das Gesetz ohne Rücksicht auf die Wahlberechtigung für die Mitgliederzahl der dritten Stufe allein die Zahl aller im Betrieb beschäftigten Arbeitnehmer für maßgebend erachtet. Das bedeutet aber entgegen der Ansicht des Arbeitsgerichts Dortmund nicht, daß die leitenden Angestellten hierbei zu berücksichtigen sind. Vielmehr sind hierbei einmal die sogenannten Nichtarbeitnehmer des § 5 Abs. 2 BetrVG und darüber hinaus auch die leitenden Angestellten des § 5 Abs. 3 BetrVG auszunehmen (vgl. Fitting/Auffarth, a. a. O., § 9 Randnrn. 7, 11; Stege/Weinspach, a. a. O., S. 39, 84; Brecht, a. a. O., § 5 Randnr. 19). Hätte der Gesetzgeber tatsächlich unter dem Begriff des Arbeitnehmers der dritten Stufe des § 9 BetrVG auch den leitenden Angestellten mit einbeziehen wollen, so hätte er dies aus-

3 Akt. Dok., Leitende Angest.

drücklich erwähnen müssen. Im übrigen ist der Einschluß der leitenden Angestellten in den Arbeitnehmerbegriff des § 9 BetrVG dritte Stufe auch nicht zwingend. Das würde nämlich bedeuten, daß der Betriebsrat zwar nicht berechtigt ist, den leitenden Angestellten zu repräsentieren, aber trotzdem von der Anzahl der leitenden Angestellten dadurch profitiert, daß er diese für die Berechnung seiner Mitgliedsstärke zugrundelegt. Dies gilt insbesondere deshalb, weil die Bildung von Sprecherausschüssen der leitenden Angestellten geplant war, und zwar als Vertretung ihrer Interessen im Unternehmen.

Da der leitende Angestellte nicht als Arbeitnehmer im Sinne der dritten Stufe des § 9 BetrVG gilt und somit nicht bei der Bestimmung der Anzahl der Betriebsratsmitglieder berücksichtigt werden kann, ist der Wahlvorstand zu Recht von einer Arbeitnehmeranzahl von weniger als 300 ausgegangen und hat die Anzahl der Betriebsratsmitglieder dem Gesetz entsprechend auf sieben festgesetzt. Ein Verstoß gegen das Wahlverfahren ist demzufolge nicht ersichtlich."

(Arbeitsgericht Hamm, Beschluß vom 13. 6. 1972 — 3 BV 19/72; nicht rechtskräftig)

11. Literatur

a) Bernd Rüthers / Heinrich Meinhard Stindt: Der Kreis der leitenden Angestellten in der neuen Betriebsverfassung[1]

(Auszug)

...

D. Die leitenden Angestellten nach § 5 Abs. 3 BetrVG

Der neue § 5 Abs. 3 BetrVG hat folgenden Wortlaut:

„Dieses Gesetz findet, soweit in ihm nicht ausdrücklich etwas anderes bestimmt ist, keine Anwendung auf leitende Angestellte, wenn sie nach Dienststellung und Dienstvertrag

1. zur selbständigen Einstellung und Entlassung von im Be-

[1] BB 1972/973 f. (976—978).

trieb oder in der Betriebsabteilung beschäftigten Arbeitnehmern berechtigt sind oder

2. Generalvollmacht oder Prokura haben oder
3. im wesentlichen eigenverantwortlich Aufgaben wahrnehmen, die ihnen regelmäßig wegen deren Bedeutung für den Bestand und die Entwicklung des Betriebes im Hinblick auf besondere Erfahrungen und Kenntnisse übertragen werden."

I. Die Klärung aller Streitfragen

Die Definition der leitenden Angestellten wird mit der gleichen Formel eingeleitet wie im alten Betriebsverfassungsgesetz. Ob „leitende Angestellte" ein Ober- oder ein Spezialbegriff[34] ist, bleibt also nach dem Wortlaut offen. Im Gesetzgebungsverfahren wurde sie nicht besonders erörtert. Das Gesetz knüpft damit an den früheren Meinungsstand an (vgl. oben C. I.). Demnach ist mit der h. M.[35] davon auszugehen, daß § 5 Abs. 3 BetrVG seinem Wortlaut und Zweck nach einen allgemeinen, nicht definierten Oberbegriff „leitende Angestellte" voraussetzt und diesen dann durch die besonderen Bedingungen für den Bereich der Betriebsverfassung einschränkt. Jedenfalls regelt § 5 Abs. 3 BetrVG diese Frage nur für den Normierungszweck dieses Gesetzes.

Der allgemeine Begriff „leitender Angestellter" bestimmt sich nach vielerlei Faktoren, z. B. Prestige, Selbstbewußtsein, Organisation des Betriebes[36]. Die Praxis ist außerhalb der Normierungen des Betriebsverfassungsgesetzes frei, nach eigenen

[34] Boldt, Gutachten: Zur Abgrenzung der leitenden Angestellten, 1972, S. 12; Raatz, DB 1972, Beilage Nr. 1, S. 2: Brecht, Kommentar zum BetrVG 1972, § 5 Anm. 20; Mager/Wisskirchen, BetrVG 1972, § 5, Erl. S. 13.

[35] Stege/Weinspach, BetrVG, Handbuch für die betriebliche Praxis, 1972, S. 39; Boldt, a. a. O., S. 15; Fitting/Auffarth/Kaiser, Das neue BetrVG, Einführung 1972, § 5, S. 5, 6; und Fitting/Auffarth, BetrVG Handkommentar, 10. Aufl. 1972, § 5 Anm. 21, S. 127; Galperin, BetrVG, Leitfaden für die Praxis, 1972, S. 21; Gnade/Kehrmann/Schneider, Die Quelle, 1972, S. 57; anders Raatz, a. a. O., S. 2; Brecht, a. a. O., § 5 Anm. 20.

[36] Vgl. Hartmann, Arbeit und Sozialpolitik, 1972, S. 91 ff.

Bedürfnissen und Notwendigkeiten Angestellte in den Rang von „leitenden“ zu erheben. Die Koalitionen und Interessenverbände können ihre Mitgliederwerbung dementsprechend weit fassen. § 5 Abs. 3 BetrVG steht dem nicht entgegen. Das Betriebsverfassungsgesetz sagt nur, wer von den leitenden Angestellten zwar Arbeitnehmer, aber als „funktionaler Gegenspieler“ des Betriebsrates und der einzelnen Arbeitnehmer auf der Arbeitgeberseite aus dem Anwendungsbereich der Betriebsverfassung herausgenommen ist. Die Selbstdarstellung der Gruppe der leitenden Angestellten[37] läßt es dabei außer acht. Damit leugnet das Gesetz aber nicht, daß die leitenden Angestellten gruppenspezifische Arbeitnehmer sind.

Das neue Gesetz bestärkt die schon für die alte Regelung von A. Hueck[38] vertretene Ansicht, daß alle von § 5 Abs. 3 BetrVG erfaßten Personen leitende Angestellte im Sinne des Gesetzes sind. Das entspricht der im Gesetzgebungsverfahren ausgedrückten Absicht, den weiten Allgemeinbegriff für die Normzwecke des Betriebsverfassungsgesetzes einzuengen. Insoweit ist der dem Gesetz zugrunde liegende Allgemeinbegriff für die Anwendung des Betriebsverfassungsgesetzes unbeachtlich. Die bezeichnete Auffassung verhindert zugleich, daß durch eine zu enge Definition des Allgemeinbegriffs der Normzweck des § 5 Abs. 3 BetrVG beeinträchtigt wird[39].

Die Neufassung des § 5 Abs. 3 BetrVG stellt gegenüber dem § 4 Abs. 2 Buchst. c BetrVG 1952 klar, daß die in der Vorschrift erfaßten leitenden Angestellten Arbeitnehmer sind. Sie sind vom Anwendungsbereich des Betriebsverfassungsgesetzes nur insoweit ausgenommen, als das Gesetz es nicht ausdrücklich anders bestimmt, wie z. B. in den §§ 105, 107 Abs. 1 Satz 2, Abs. 3 Satz 3, 108 Abs. 2 Satz 2 BetrVG.

Ferner steht fest, daß Angestellte, die „ehrenhalber“ einen Prokuristentitel besitzen, nur dann leitende Angestellte sind, wenn sie nach Dienststellung und Dienstvertrag als Prokuri-

[37] Vgl. dazu Sturzenhecker, Die leitenden Angestellten in Theorie und Praxis, Diss. Münster 1965, bes. S. 106 ff. und 158 ff.

[38] A. Hueck, RdA 1953 S. 441 ff.; vgl. auch Boldt, a. a. O., S. 14, 15.

[39] a. A. Gnade/Kehrmann/Schneider, Die Quelle 1972, S. 57.

sten ausgewiesen sind. Bei sog. Titularprokuristen dürfte das nicht immer zutreffen[40].

Den Merkmalen „Dienststellung und Dienstvertrag" kommt eine Filterwirkung zu. Beide Voraussetzungen müssen für alle leitenden Angestellten nach § 5 Abs. 3 BetrVG kumulativ gegeben sein. Inhalt des Dienstvertrages sind dabei, auch bei der regelmäßig gewählten Schriftform des Vertragsschlusses, nicht nur die schriftlichen Abmachungen. Wenn ein Angestellter im Laufe der Zeit ohne Ergänzung des schriftlichen Vertrages in eine leitende Dienststellung hineingewachsen ist, wird man, wenn ein ausdrücklicher Vorbehalt fehlt, auf eine stillschweigende Vertragserweiterung schließen können. Der Arbeitgeber müßte sich andernfalls ein „venire contra factum proprium" vorhalten lassen. Gleichwohl empfiehlt es sich, solche Vertragserweiterungen schriftlich zu fixieren[41].

Die Interpretation der Nummern 1 und 2 bereitet keine Schwierigkeiten, da in ihnen typische leitende Angestellte erfaßt sind. Im übrigen kann auf die Literatur zum alten Betriebsverfassungsgesetz verwiesen werden, da die Fassung des neuen Gesetzes vom alten nicht abweicht[42].

Durch die Änderung des Regierungsentwurfes im Gesetz ist jetzt klargestellt, daß die personelle Befugnis auch über eine nicht wesentliche (d. h. auch kleine) Betriebsabteilung für die Qualifikation als leitender Angestellter genügt.

II. Die Abgrenzung der leitenden Angestellten

1. Die alte und die neue Generalklausel

§ 5 Abs. 3 Nr. 3 BetrVG enthält drei Merkmale[43]. Zwei Voraussetzungen wurden aus dem alten Betriebsverfassungsgesetz

[40] Vgl. Galperin, a. a. O., S. 23; Boldt, a. a. O., S. 28, 29; Stege/Weinspach, a. a. O., S. 39; Brecht, a. a. O., S. 141; wohl auch Gnade/Kehrmann/Schneider, Die Quelle 1972, S. 57.

[41] So auch Boldt, a. a. O., S. 30.

[42] Vgl. Dietz, BetrVG, § 5 Anm. 59, 60; Fitting/Kraegeloh/Auffarth, 9. Aufl. § 5 Anm. 15, 16; jetzt Fitting/Auffarth, 10. Aufl., § 5 Anmerkung 24 ff.; Boldt, a. a. O., S. 24 ff. u. a.

[43] S. die Begründung des Ausschusses für Arbeit und Sozialordnung zur BT-Drucksache VI/2729, S. 11; vgl. auch Berichterstatter Buschfort

1952 übernommen: Welche Aufgaben für Bestand und Entwicklung eines Betriebes Bedeutung haben und wer die für solche Tätigkeiten besonderen Erfahrungen und Kenntnisse hat, sind Fragen, zu deren Beantwortung man zunächst auf das Schrifttum zum Betriebsverfassungsgesetz 1952 verweisen kann[44]. Die neue Voraussetzung der „Eigenverantwortlichkeit" ist bereits mehrfach in der Literatur behandelt worden[45].

Der Gesetzgeber beabsichtigte, den Kreis der leitenden Angestellten „objektiver" und „durch funktionsgebundene Merkmale" zu beschreiben. Er verwendete dabei Begriffe, die die subjektive Abgrenzung ersetzen sollten. Doch auch sie sind unbestimmt, wertbezogen und auslegungsbedürftig. Die alte Generalklausel wurde durch eine neue ersetzt. Die methodischen und praktischen Probleme der Konkretisierung einer solchen Generalklausel sind in der Neufassung erhalten geblieben[45a].

Bei der Nummer 3 handelt es sich um den typischen Fall einer „offengelassenen Gesetzgebung" (Hedemann), in der die Regelungskompetenz letzten Endes vom Gesetzgeber auf die betriebliche Praxis, die Arbeitsrechtswissenschaft und die Rechtsprechung delegiert wird.

Bei der Qualifikation einer Arbeitnehmerfunktion als „eigenverantwortlich" kommt dem Arbeitgeber naturgemäß eine gewisse Initiative zu. Das bedeutet nicht, daß er im eigenen Interesse den Kreis der leitenden Angestellten rücksichtslos ausdehnen könnte. Der Begriff ist als Rechtsbegriff in

(SPD) vor dem Deutschen Bundestag, Rede abgedruckt in „Betriebsverfassungsgesetz", Text, Reden, Erläuterungen, Hrsg. SPD, Bonn 1972, S. 14 ff., 15.

[44] Vgl. zum alten Stand: A. Hueck, RdA 1953 S. 441 ff.; vgl. Fitting/Kraegeloh/Auffarth, a. a. O., S. 80 ff.; Dietz, BetrVG, S. 144 ff.

[45] Gnade/Kehrmann/Schneider, Die Quelle 1972, S. 57; Stege/Weinspach, a. a. O., S. 39/40; Brecht, a. a. O., S. 141, 142; Fitting/Auffarth/Kaiser, a. a. O., S. 6, und Fitting/Auffarth, 10. Aufl. § 5 Anm. 26; Galperin, a. a. O., S. 23; Bundesverband der Deutschen Arbeitgeberverbände, Das neue Betriebsverfassungsgesetz, 1972, S. 34 f.; Mager/Wisskirchen, a. a. O., S. 13; Fischer DB 1972 S. 437; Mager, Der Arbeitgeber, 1972, 176 f.; Borgwadt, BB 1971 S. 1108.

[45a] Vgl. dazu neuestens ArbG Frankfurt a. M.; BB-Heft 22/1972.

allen seinen Merkmalen vom Richter überprüfbar. Die Generalklausel läßt sich mit Hilfe zweier, aus dem Betriebsverfassungsgesetz selbst gewonnener Gesichtspunkte konkretisieren; es handelt sich um den Gegnerbezug und die Befugnisse des Betriebsrates.

2. Der Gegnerbezug als Auslegungsmaßstab

Das Betriebsverfassungsgesetz geht von einem *zweipoligen* Spannungsverhältnis in der Betriebsverfassung aus[46]. Adressaten des Gesetzes sind in erster Linie Arbeitgeber und Betriebsrat, letzterer als Repräsentant der Belegschaft. Der Gesetzgeber sieht sie zugleich als soziale Gegenspieler und als betriebliche Partner mit teilweise gemeinsamen Interessen. Aus diesem Spannungsverhältnis nimmt der neue § 5 Abs. 3 BetrVG (wie schon seine Vorläufer) bestimmte Angestelltengruppen heraus. Das ist die Konsequenz der sich allmählich durchsetzenden Erkenntnis, daß der „Arbeitgeber“ in Großbetrieben regelmäßig keine Person ist, sondern nur die zusammenfassende Bezeichnung für die Unternehmensleitung darstellt. Entsprechend müssen die leitenden Angestellten dem „Arbeitgeber“ zugerechnet, mindestens aber dem Betriebsrat entzogen werden.

Die Gruppe der leitenden Angestellten muß daher umfassen:

(a) Alle Angestellten, die einen direkten Gegnerbezug haben; das sind alle, die bedeutende (besonders personelle) Leitungs- und Vorgesetztenfunktionen haben.

(b) Alle Angestellten, die in der Beratungs- und Entscheidungshilfe für die Unternehmensleitung (Arbeitgeber) eine aufgabengebundene Interessenidentifikation herstellen. Darin liegt eine Art „indirekter Gegnerbezug“.

a) Der direkte Gegnerbezug

Der direkte Gegnerbezug ist offenkundig bei solchen leitenden Angestellten, die für den Arbeitgeber als dessen Vertre-

[46] Vgl. Begründung des Regierungsentwurfs BT-Drucksache VI/1786, S. 34; Schriftlicher Bericht des Ausschusses für Arbeit und Sozialordnung zur BT-Drucksache VI/2729, S. 11.

ter mit dem Betriebsrat im Rahmen seiner gesetzlichen Aufgaben verhandeln (etwa der Abteilungsleiter für gewerbliche Arbeiter im Personalbereich). Diese Gruppe der „Gesprächs- und Verhandlungspartner" des Betriebsrats auf der Arbeitgeberseite ist in der Notwendigkeit ihrer Herauslösung aus dem Repräsentationsanspruch des Betriebsrates seit jeher unproblematisch.

b) Der indirekte Gegnerbezug

Eine weitere Angestelltengruppe, die nicht (notwendig) selbst an den betrieblichen „Verhandlungsrunden" mit dem Betriebsrat teilnimmt, hat ihre Aufgabe darin, aus der Sicht der Unternehmensinteressen an wichtiger Stelle Daten auszuwerten, Handlungsmodelle zu entwickeln, Entscheidungsalternativen vorzulegen und die Ausführung von Beschlüssen der Unternehmensleitung zu kontrollieren. Diese Tätigkeiten müssen keine unmittelbaren Berührungspunkte mit den Kompetenzen des Betriebsrates haben (z. B. Leiter einer personell kleinen wirtschaftspolitischen oder Revisionsabteilung, die direkt dem Vorstand untersteht). Gleichwohl setzen sie von der Aufgabe her ein solches Maß von Interessenidentifikation mit den Unternehmenszielen voraus und greifen in der Vorbereitung von Grundsatzentscheidungen der Organisation, Planung, Investition und Kontrolle so weit mindestens mittelbar in die Interessensphäre des Betriebsrates ein (etwa in die gesetzlichen Mitbestimmungsrechte), daß dies Gruppe nicht in den Repräsentationsbereich des Betriebsrates eingefügt werden kann.

c) Die Befugnisse des Betriebsrats als Bezugspunkt

Der vierte Teil des Betriebsverfassungsgesetzes, die Regelungen über die Mitwirkung und Mitbestimmung der Arbeitnehmer, wird so zum Schlüssel für die Abgrenzung der leitenden Angestellten nach § 5 Abs. 3 BetrVG. Die möglichen Berührungspunkte leitender Angestelltenfunktionen mit den gesetzlichen Kompetenzen des Betriebsrats in sog. sozialen, personellen und wirtschaftlichen Angelegenheiten[47] sind ein

[47] Die Unterscheidung ist seltsam, seit das Gesetz die Geldfaktoren der Leistungslöhne zu den „sozialen" Angelegenheiten rechnet.

Maßstab, um die Randzonen des Kreises der leitenden Angestellten nach Nummer 3 zu bestimmen. Dabei kommt es nicht auf persönliche Kontakte mit dem Betriebsrat, sondern auf die enge sachliche Beziehung zu solchen Entscheidungen der Unternehmensleitung an, welche die Interessen- und Kompetenzsphäre des Betriebsrates berühren.

Hier können im Hinblick auf die Vielfalt und Unterschiedlichkeit betrieblicher Organisationsformen im wesentlichen nur abstrakte Maßstäbe entwickelt werden.

d) Beispiele

Wenige Beispiele, überwiegend aus dem Bereich der Linienfunktionen, mögen die genannten Kriterien erläutern:

Wenn § 81 BetrVG den Arbeitgeber verpflichtet, den Arbeitnehmer in dort genanntem Umfang zu unterrichten, dann ist derjenige Angestellte, der vom Arbeitgeber eigenverantwortlich und leitend mit der Unterrichtung beauftragt ist, leitender Angestellter nach § 5 Abs. 3 Nr. 3 BetrVG. Dabei ist davon auszugehen, daß die leitende Betreuung der Belegschaft in hervorragender Weise dem Bestand des Betriebes dient.

§ 82 Abs. 2 BetrVG garantiert dem einzelnen Arbeitnehmer ein Erörterungsrecht seiner Leistungen. Derjenige Arbeitnehmer, der vom Arbeitgeber beauftragt ist, diese Leistung verbindlich zu beurteilen, wird zum Gegenspieler des Arbeitnehmers; sofern er für eine größere Zahl von Arbeitnehmern zuständig ist, und das ist die Regel, ist er leitender Angestellter nach § 5 Abs. 3 Nr. 3 BetrVG. Das gleiche gilt von dem Beauftragten, der Beschwerden des Arbeitnehmers entgegennimmt und behandelt. Als Testfall kann hier zusätzlich die Frage dienen, ob der hinzugezogene Betriebsrat sich durch einen solchen Angestellten vertreten lassen würde.

Im Bereich der Mitbestimmung in sozialen Angelegenheiten sind etwa diejenigen Arbeitnehmer leitende Angestellte nach § 5 Abs. 3 Nr. 3 BetrVG, die nach § 87 Abs. 1 Nr. 1 BetrVG die Ordnung und das Verhalten der Arbeitnehmer für den Arbeitgeber leitend zu kontrollieren haben; ferner solche Angestellte, die nach § 87 Abs. 1 Nr. 3 BetrVG mit dem Betriebsrat über die vorübergehende Verkürzung oder Verlängerung der betriebsüblichen Arbeitszeit verhandeln einschließlich der Mitglieder eigenverantwortlich arbeitender wissenschaftlicher Stäbe, welche die Entscheidungsalternativen vorbereiten, ohne selbst an den Verhandlungen beteiligt zu sein. Leitende Angestellte sind auch diejenigen Planer, die nach § 90 BetrVG den Betriebsrat über Neu-, Um- und Erweiterungsbauten von Fabrikations-, Verwaltungs- und sonstigen betrieblichen Räumen zu unterrichten haben. Dazu gehören ebenfalls nicht nur die Verhandlungsführer selbst, sondern auch die Angestellten, die unter den Voraussetzungen des § 5 Abs. 3 Nr. 3 BetrVG die Entscheidungsvoraussetzungen erarbeitet haben; bezüglich der Arbeitsverfahren und Arbeitsabläufe sind das etwa auch die Fachleute für Arbeitsstudien etc. Leitender Angestellter ist auch der Bildungsbeauftragte nach § 98 BetrVG.

Die §§ 106 ff. BetrVG regeln den betrieblichen Wirtschaftsausschuß, der den Betriebsrat zu unterrichten hat. Hier sind alle diejenigen leitende Angestellte, die im Auftrag des Arbeitgebers unter den Voraussetzungen des § 5 Abs. 3 Nr. 3 BetrVG forschend, beratend, gestaltend, lehrend und leitend wirtschaftliche Angelegenheiten bearbeiten und vom Arbeitgeber zur Information des Wirtschaftsausschusses herangezogen werden können. Einzelne Bereiche führt § 106 Abs. 3 BetrVG auf. Dazu gehören auch die Experten für die wirtschaftliche und finanzielle Lage, für die Produktions- und Absatzlage, für das Produktions- und Investitionsprogramm, die Rationalisierungsvorhaben, die Einführung neuer Arbeitsmethoden, die Änderung der Betriebsorganisation oder des Betriebszweckes und anderes.

In diesem Rahmen konnten nur einige Funktionen leitender Angestellter aufgezählt werden. Wichtig ist, daß jede leitende Tätigkeit regelmäßig einen direkten (Entscheidungs- und Linienfunktionen) oder indirekten (Stabsfunktionen) „Gegnerbezug" zum Betriebsrat oder zu den einzelnen Arbeitnehmern haben muß; jedenfalls kennzeichnet dieser Gegnerbezug den Aufgabenträger als leitenden Angestellten im Sinne des § 5 Abs. 3 BetrVG.

3. Die Rechtfertigung der Abgrenzung aus der Interessenlage

Diese Grenzziehung begünstigt übrigens zugleich eine effektive Wahrnehmung der kollektiven Arbeitnehmerinteressen durch den Betriebsrat. Weil die Angestellten, die in gehobener Position vorrangig Unternehmensinteressen wahrzunehmen haben, vom aktiven und passiven Wahlrecht zum Betriebsrat ausgeschlossen werden, wird zugleich eine potentielle Beeinflussung und Unterwanderung der Betriebsratsfunktionen durch Interessenvertreter des sozialen Gegenspielers ausgeschlossen. § 5 Abs. 3 BetrVG ist damit zugleich eine Ausgestaltung des Grundsatzes der Gegnerfreiheit für die betriebliche Repräsentation der Arbeitnehmerinteressen.

Das Gesetz nimmt, wie § 5 Abs. 3 BetrVG zeigt, aus dem weiten Allgemeinbegriff der leitenden Angestellten nur bestimmte Gruppen vom Anwendungsbereich des Betriebsverfassungsgesetzes aus. Damit erkennt es gleichzeitig die Gefahr der zu weiten Ausdehnung des Kreises leitender Angestellter an. Eine zu große Zahl würde dem Betriebsrat fachlich qualifizierte und gut informierte Kräfte rauben und könnte ihn für die Wahrnehmung seiner gerade nach dem neuen Gesetz bedeutenden Aufgaben schwächen. Das widerspräche der grundlegenden Entscheidung des Gesetzgebers für die Stärkung des Betriebsrates durch das neue Gesetz[48].

Die möglichst qualifizierte Zusammensetzung des Betriebsrates liegt übrigens auch im Interesse des Arbeitgebers. Gerade die Erweiterung der Aufgaben und Rechte der Arbeitnehmervertreter läßt die Wahl befähigter Kandidaten zur notwendigen Voraussetzung einer wirksamen und konstruktiven Amtsführung und Zusammenarbeit werden.

Es entspricht der Vorstellung des Betriebsverfassungsgesetzes, qualifizierte und kooperative betriebliche Gegenspieler zu haben. Eine zu weite Ausdehnung des Kreises leitender Ange-

[48] Begründung des Regierungsentwurfes, BT-Drucksache VI/1786, Vorblatt unter B (Schwerpunkte).

stellter würde dem Betriebsrat wesentliche Kräfte entziehen. Eine zu enge Begriffsfassung würde die Träger der Unternehmensinteressen in leitenden Funktionen entgegen ihrer Aufgaben- und Interessenbindung und ohne Rücksicht auf ihre soziologische Sonderstellung den kollektiven Arbeitnehmerinteressen zuschlagen. Sie würde dem Arbeitgeber die notwendige institutionelle Sonderbindung an seinen Führungs- und Beraterstab entziehen. In diesem Sinne doppelter möglicher Fehlinterpretation des § 5 Abs. 3 BetrVG stellen die leitenden Angestellten in der Tat das „Übermachtpotential" des betrieblichen Kräfteverhältnisses dar, das die vom Gesetz erstrebte Balance zur einen oder anderen Seite verändern könnte. Die Beachtung dieser Schlüsselstellung ist im Interesse einer sinnvollen und reibungslosen Ausgestaltung der Betriebsverfassung bei der Auslegung insbesondere der dritten Gruppe des § 5 Abs. 3 BetrVG von entscheidender Bedeutung.

Zuletzt sei noch die Frage aufgegriffen, ob die Neuregelung des § 5 Abs. 3 BetrVG den Kreis der leitenden Angestellten gegenüber der alten Regelung objektiv erweitert hat. Das ist der Fall. Die Ergänzung des Aufgabenkataloges des Betriebsrats und die Ausgestaltung der Rechtsstellung einzelner Arbeitnehmer hat die Grenzen modifiziert und zugleich das Interesse der Betriebe nach sorgfältiger und möglichst funktionsgetreuer Abgrenzung der leitenden Angestellten gegenüber früher erheblich gesteigert. Zwar wollte der Gesetzgeber ursprünglich den Umfang der leitenden Angestellten im wesentlichen beibehalten. Diese Absicht wurde jedoch im Laufe des Gesetzgebungsverfahrens geändert[49]. Es ist ferner der Umstand zu berücksichtigen, daß in vielen Betrieben von der nach dem BetrVG 1952 zulässigen Ausdehnung erst im Hinblick auf die Neuregelung 1972 Gebrauch gemacht wurde. So läßt sich das verbreitet feststellbare Ansteigen der Zahlen leitender Angestellter legal erklären.

...

[49] Vgl. oben C. III. 4.

b) Ansgar Fischer: Die Abgrenzung der leitenden Angestellten nach § 5 Abs. 3 BetrVG[1]

(Auszug)

dargestellt am Betriebsleiter und Forscher in der chemischen Industrie

Die Vorschrift des § 5 Abs. 3 BetrVG enthält bei der Frage, wer leitender Angestellter mit den entsprechenden betriebsverfassungsrechtlichen Folgen ist, alternativ drei Tatbestände. Dabei stellt § 5 Abs. 3 Nr. 3 die umfassende, also die Merkmale der Nrn. 1 und 2 einschließende Vorschrift dar. Es ist nämlich zu bedenken, daß der betriebsverfassungsrechtliche Status des leitenden Angestellten sinnvollerweise allein durch seine Funktion bestimmt werden kann. Eine echte Funktionsbeschreibung befindet sich nur in der dritten Alternative, während die Merkmale unter den Nrn. 1 und 2 auf rechtliche Befugnisse (Einstellungs- und Entlassungsbefugnis bzw. Vollmachten) abstellen. Wenn man davon ausgehen könnte, daß die mit den entsprechenden Befugnissen ausgestatteten Angestellten zwangsläufig in jedem denkbaren Fall auch die Tatbestandsmerkmale der Nr. 3 erfüllen, so brauchten die Nrn. 1 und 2 lediglich als entbehrlich bezeichnet zu werden. Von der Praxis her ist diese Annahme jedoch nicht gerechtfertigt, so daß ebenso wie im früheren § 4 Abs. 2 c) BetrVG die Nrn. 1 und 2 als mißglückt anzusehen sind.

Zu § 5 Abs. 3 Nr. 1

Nach vorherrschender Meinung ist für die Qualifikation der selbständigen Einstellungs- und Entlassungsbefugnis erforderlich, daß der Betreffende sowohl eine entsprechende Befugnis im Innenverhältnis gegenüber dem Arbeitgeber als auch ein entsprechendes Vertretungsrecht nach außen gegenüber dem Einzustellenden bzw. dem zu Entlassenden besitzt[2].

[1] DB 1972, S. 437 f.

[2] Vgl. Fitting/Kraegeloh-Auffarth, § 4 BetrVG a. F. Anm. 15; Dietz, § 4 BetrVG a. F. Anm. 59.

Im Außenverhältnis erfolgen Einstellungs- und Entlassungsakte jedenfalls in größeren Unternehmen durch eine oder mehrere Personen der Personalabteilung. Die vertragsbegründenden oder aufhebenden Erklärungen werden von ihnen abgegeben. Die Entscheidung allerdings, ob ein bestimmter Mitarbeiter eingestellt oder entlassen werden soll, wird häufig nicht von der Personalabteilung, sondern von anderen Mitarbeitern getroffen. Zu denken wäre hier beispielsweise an einen Betriebs- oder Abteilungsleiter. Diese haben häufig praktisch gegenüber dem Arbeitgeber eine selbständige Einstellungs- und Entlassungsbefugnis, ohne daß sie bei den entsprechenden Rechtsakten nach außen in Erscheinung treten. Für die Erfüllung der Merkmale des § 5 Abs. 3 Nr. 1 reicht allerdings nach vorherrschender Meinung die interne Entscheidungsbefugnis nicht aus, wenn nicht dazu ein entsprechendes Vertretungsrecht nach außen kommt. Bei den Mitarbeitern der Personalabteilung liegt der Sachverhalt häufig genau umgekehrt. Sie haben nach außen die entsprechende Vertretungsmacht, im Innenverhältnis können sie aber nicht selbständig entscheiden.

Auf die Praxis bezogen wäre es entgegen der h. M. sicherlich sinnvoll, bei der Auslegung der Nr. 1 allein darauf abzustellen, wer die wirklichen selbständigen Entscheidungen über Einstellungen und Entlassungen trifft, wer also im Innenverhältnis gegenüber dem Arbeitgeber hierzu berechtigt ist. Die gesetzliche Formulierung dürfte allerdings ebenso wie im früheren § 4 Abs. 2 c) BetrVG diese Auslegung kaum zulassen.

Zu § 5 Abs. 3 Nr. 2

Diese Vorschrift ist, was das Merkmal „Generalvollmacht" anbetrifft, eindeutig überflüssig, da der Generalbevollmächtigte in jedem denkbaren Fall unter die Regelung der Nr. 3 fällt. Insoweit ist allerdings die ausdrückliche gesetzliche Hervorhebung dieser Vollmacht unschädlich.

Bezüglich des Merkmals „Prokura" ist jedoch Kritik anzumelden. Von der Funktion ausgehend dürfte sinnvollerweise nur der Prokurist vom Geltungsbereich des BetrVG ausgeschlossen sein, der leitender Angestellter nach den Merkmalen der Nr. 3 ist. Überwiegend ist das sicherlich der Fall. Aber auch ein „Titular-Prokurist", der die Voraussetzungen der Nr. 3 nicht erfüllt, würde nach dem Wortlaut des Gesetzes leitender Angestellter im Sinne von § 5 Abs. 3 sein können. Die Frage, ob das Merkmal „Prokura" einschränkend zu interpretieren ist, war schon im Rahmen des früheren § 4 Abs. 2 c) BetrVG umstritten[8]. Es ist deshalb unverständlich, warum der Gesetzgeber dieses Merkmal weiterhin verwendet.

Wenn man die dargestellten Ungereimtheiten des Gesetzes in den Nrn. 1 und 2 berücksichtigt, wird besonders deutlich, daß das Schwergewicht des § 5 Abs. 3 allein in der dritten Alternative zu sehen ist. Auf keinen Fall setzen die Vorschriften unter Nr. 1 und 2 einen Maßstab für die Auslegung der Nr. 3.

Zu § 5 Abs. 3 Nr. 3

„Im wesentlichen eigenverantwortlich" in diesem Sinne bedeutet die überwiegende Freiheit von fachlich eng begrenzenden Weisungen. Die selbständige Entscheidungsbefugnis ist also maßgebend. Der Begriff Eigenverantwortung kann daneben noch einen haftungsrechtlichen Einschlag haben. Dieser ist allerdings nicht begriffsnotwendig.

Die „Bedeutung für den Bestand und die Entwicklung des Betriebes" kann sinnvollerweise nur dahingehend aufgefaßt werden, daß unter „Betrieb" entweder ein bestimmter Betrieb oder das Unternehmensganze zu verstehen ist. Der Vorstandsassistent z. B. ist regelmäßig nicht für einen „Betrieb" im engeren Sinne, sondern für das „Unternehmen" tätig, das allerdings wiederum eine Mehrzahl von Betrieben umfassen kann. Es wäre offensichtlich widersprüchlich, wollte man bei einem Angestellten den Status als leitender Angestellter verneinen, nur weil er nicht für einen Betrieb, sondern für das Unternehmen tätig ist.

Die betreffenden Aufgaben müssen „regelmäßig übertragen werden". Es muß also eine kontinuierliche Betrauung mit die-

[8] Bejahend Fitting-Kraegeloh-Auffarth, § 4 Anm. 16; a. A. Dietz, § 4 Anm. 60.

sen Aufgaben vorliegen. Der Begriff „regelmäßig" korrespondiert dabei mit dem in der Prämisse des § 5 Abs. 3 gebrauchten Merkmal „nach Dienststellung".

Die Aufgaben müssen ferner „im Hinblick auf besondere Erfahrungen und Kenntnisse übertragen werden". „Besondere Kenntnisse" können entweder durch eine qualifizierte wissenschaftliche oder praktische Ausbildung erworben sein (z. B. Studium an einer Hochschule, innerbetriebliche Ausbildung). Die „besonderen Erfahrungen" müssen nicht unbedingt in der Praxis, also beispielsweise in der Industrie, erlangt worden sein. Bei einem Wissenschaftler, der als solcher eingesetzt ist, können besondere Erfahrungen auch durch z. B. eine Assistententätigkeit an der Hochschule gewonnen worden sein, da hier die Beherrschung des wissenschaftlichen Arbeitens im Vordergrund steht. Die Grenzen zwischen „besonderen Kenntnissen" und „besonderen Erfahrungen" sind im Einzelfall fließend.

Bei der Interpretation der einzelnen Tatbestandsmerkmale des § 5 Abs. 3 Nr. 3 muß man sich hüten, diese isoliert zu betrachten und aus dieser isolierten Betrachtungsweise evtl. Schlüsse zu ziehen. So ist die „Bedeutung für den Bestand und die Entwicklung des Betriebes" nur im Zusammenhang mit der eigenverantwortlichen Tätigkeit wie aber auch mit den „besonderen Erfahrungen und Kenntnissen" zu sehen.

Zur Prämisse des § 5 Abs. 3

„Nach Dienststellung" bedeutet, daß der wesentliche Inhalt der Position durch die Merkmale der Nrn. 1 bis 3 bestimmt wird. Gerade im Hinblick auf Nr. 3 ist zu betonen, daß eine gelegentliche Wahrnehmung der dort angesprochenen Aufgaben nicht genügt. Es wurde bereits darauf hingewiesen, daß „nach Dienststellung" im Zusammenhang mit „regelmäßig" steht.

Darüber hinaus müssen die Tatbestandsmerkmale auch „nach Dienstvertrag" vorliegen. Dieses Erfordernis dürfte bezüglich der in den Nrn. 1 und 2 bezeichneten Angestellten in der Praxis kaum problematisch sein; anders bei Nr. 3. Es ist zwar nicht zwingend notwendig, daß der Dienstvertrag mit den betreffenden Funktionen des Angestellten schriftlich vorliegt. Um aber Klarheit zu schaffen und um Streitigkeiten zu vermeiden, ist auf jeden Fall zu empfehlen, daß der jeweilige Aufgaben- und Verantwortungsbereich im Dienstvertrag konkret und vollständig zugleich schriftlich fixiert wird. Das bedeutet, daß auch etwaige nach dem Eintritt in das Unternehmen vereinbarte Erweiterungen oder vollständige Veränderungen im Aufgaben- und Verantwortungsbereich zweckmäßigerweise schriftlich festgehalten werden. Eine eingehende schriftliche Beschreibung erübrigt sich allenfalls dann, wenn der vertragliche Tätigkeitsbereich so klar erkennbar und nachweisbar ist, daß eine Änderung nur im gegenseitigen Einvernehmen bzw. im Wege der Änderungskündigung in Betracht käme.

Der Betriebsleiter und der Forscher in der chemischen Industrie als leitende Angestellte nach § 5 Abs. 3 Nr. 3

I. Betriebsleiter in der chemischen Industrie sind regelmäßig entweder Angestellte mit abgeschlossener Hochschulausbildung (z. B. Diplom-Ingenieure, Diplom-Chemiker) oder Fachschul-Ingenieure, in Ausnahmefällen auch Chemo-Techniker. Der Betriebsleiter erfüllt regelmäßig die Tatbestandsmerkmale des § 5 Abs. 3 Nr. 3 — unterstellt die Voraussetzung: „nach Dienstvertrag" trifft zu:

1. Er hat die Verantwortung für die technische Sicherheit eines Investitionsvolumens, das einen Viele-Millionen-Wert darstellt.

2. Er hat ebenfalls die Verantwortung dafür, daß das Investitionsvolumen rentabel arbeitet und Gewinn bringt. Hierzu gehört, daß er gewinnbringende Produkte auf die Beine stellt, für deren Entwicklung er auch die technologische Verantwortung trägt.

Im einzelnen fällt hierunter:

a) Kostenkontrolle;
b) Prüfung der Rentabilität und damit verbundene Koordination des Betriebes innerhalb des Unternehmensganzen;
c) Innovation, d. h. Anpassung und Einführung neuer Technologien an und in einen bestehenden Produktionsprozeß, Beurteilung neuer Produktionsverfahren;

3. Ihm unterstehen häufig 50 bis 150 oder mehr Mitarbeiter, die er ständig auf ihre Leistungsfähigkeit, Brauchbarkeit und evtl. Aufstiegsmöglichkeiten hin zu beurteilen hat.

Er trägt dabei die Sorge für einen ausreichenden Personalbestand in seinem Betrieb und gleichzeitig die Verpflichtung, überzählige oder leistungsschwache Mitarbeiter zur Disposition zu stellen. Ihm kommt damit praktisch eine selbständige Einstellungs- und Entlassungsbefugnis zu.

Weiterhin hat er im personellen Bereich die Entscheidungsbefugnis über etwaige Prämienfestsetzungen und -verteilung an die Mitarbeiter.

4. Er hat auch die Verantwortung für die Einhaltung und Erfüllung aller von der Behörde erteilten Auflagen, die für den Betrieb der Anlage erfolgt sind. Dazu gehören z. B. die Auflagen hinsichtlich Abluft und Abwasser. Bei Verstößen gegen diesbezügliche Auflagen, ebenso wie bei Nichteinhaltung der Sicherheitsvorschriften trägt er die Verantwortung.

II. Forscher in der chemischen Industrie sind von der Anzahl her überwiegend Diplom-Chemiker. Bei der nachfolgenden Darstellung soll daher ein promovierter Forschungs-Chemiker betrachtet werden, der von der Hochschule kommend eine gewisse Einarbeitungszeit (in der Regel etwa 1 Jahr) hinter sich hat. Im Gegensatz zum Betriebsleiter ist der Forschungs-Chemiker ein typischer Vertreter der sogenannten „Rat-Gruppe". Die „Arbeitgeberfunktionen" sind daher wegen der wesentlich geringeren Zahl der ihm unterstellten Mitarbeiter kaum ausgeprägt, was aber für die Tatbestandsvoraussetzungen des § 5 Abs. 3 Nr. 3 nicht entscheidend ist. Auch der Forschungs-Chemiker erfüllt regelmäßig die Merkmale dieser Vorschrift — wiederum unterstellt, daß sein Aufgaben- und Verantwortungsbereich auch „nach Dienstvertrag" gegeben ist:

1. Im Rahmen von allgemeinen Aufgabenrichtlinien arbeitet der Forschungschemiker selbständig an der Erfüllung des Unternehmensziels mit, nämlich eingesetztes Kapital optimal zum Ertrag zu bringen. Bei der Entwicklung von Produkten, bei der es ihm freisteht, wie er seine Aufgabe anfassen will,

hat er dieses Unternehmensziel immer im Auge zu behalten. Im übrigen kann er, wenn er sonstige Ideen hat, diese von sich aus aufgreifen und weiter verfolgen.

Im einzelnen:

a) Er hat die Verantwortung für die sachliche Richtigkeit der Beratung der Unternehmensführung, die wiederum erheblichen Einfluß auf das Unternehmen und damit auf viele Arbeitnehmer hat. Diese Zusammenhänge sind nicht direkt und offensichtlich, sondern meist langfristiger Natur. Die Forschungsaufgaben, die er zu erfüllen hat, haben häufig erst nach mehrjähriger Entwicklungsdauer ausschlaggebenden Einfluß auf das Unternehmen und damit auf die Arbeitsplätze.

b) Sein Arbeitsplatz erfordert erhebliche Betriebskosten, die häufig bei etwa $^1/_4$-Million DM liegen. Bei seiner Arbeit stehen ihm erhebliche Mittel zur völlig freien Verfügung, z. B. Energie, Chemikalien, Apparate. Er hat die Verantwortung dafür, daß die Investitionen — auf lange Sicht — Gewinn bringen.

c) Er bekommt außerdem das gesamte, für seinen Aufgabenbereich notwendige know-how des Unternehmens, das in der Regel einen Viele-Millionen-Wert darstellt. Er hat die Verantwortung, daß dieses know-how sicher verwahrt und gewinnbringend angewendet wird.

d) Außerdem bekommt er Kenntnis von Patentanmeldungen und von Forschungsergebnissen aus dem ganzen Unternehmen, die für seine Arbeit notwendig ist, ebenfalls im Wert von mehreren Millionen DM.

2. Der Forschungschemiker hat eine Führungs- und Sicherheitsverantwortung für im Schnitt 4 bis 5 Mitarbeiter (z. B. Laboranten). Es können einmal mehr, aber auch weniger sein.

Nach dem dargestellten Aufgaben- und Verantwortungsbereich nehmen sowohl der Betriebsleiter als auch der Forscher in der chemischen Industrie im wesentlichen eigenverantwortlich Aufgaben wahr, die für Bestand und Entwicklung eines bestimmten Betriebes wie aber auch des gesamten Unternehmens von großer Bedeutung sind. Diese Aufgaben werden ihnen — was auf der Hand liegen dürfte — nur deshalb übertragen, weil sie über besondere Erfahrungen und Kenntnisse verfügen.

Auf Grund der vorstehenden Darstellung des allgemeinen Tätigkeitsfeldes eines Betriebsleiters und eines Forschers wird man sicherlich nicht sagen können, der eine oder der andere sei für das Unternehmen „wertvoller". In der Praxis steht auch dementsprechend der Forschungs-Chemiker dem Chemiker-Betriebsleiter rangmäßig (und auch gehaltsmäßig) gleich. So kann er — was häufig geschieht — ohne Schwierigkeiten in der Produktion eingesetzt werden. Diese Austauschbarkeit besteht übrigens nach beiden Richtungen. Es wird damit besonders deutlich, daß im Hinblick auf § 5 Abs. 3 BetrVG zwischen dem Betriebsleiter und dem Forscher keine grundsätzlichen Unterschiede bestehen.

12. Nichtwissenschaftliche Stellungnahmen

a) Franz Salzer: Leitende Angestellte morgen — gesellschaftspolitische Vorstellungen über deren zukünftigen Standort[1]

(Auszug)

...

Wer über „Leitende Angestellte Morgen" sprechen will, muß über den heutigen Standort dieser Gruppe aufzeigen, Herkunft und Bindungen einer Analyse unterziehen. Ohne eine solche Untersuchung würde er Gefahr laufen, sich von den Realitäten weg in Glaubensbekenntnisse und Weltanschauungen zu verstricken, mit denen niemand gedient ist, am wenigsten den leitenden Angestellten selbst, denn diese halten sich lieber an Realität als an Ideologien. Es gilt also, aus Vergangenheit und Gegenwart Entwicklungstendenzen festzustel-

[1] Vortrag des ehemaligen Präsidenten der Union leitender Angestellter, Salzer, vor der Theodor-Heuss-Akademie der Friedrich-Naumann-Stiftung vom 22. April 1972. (Nicht veröffentlicht.)

len und damit Standort und Probleme, wie sie heute erkennbar sind, aufzuzeigen. Wir müssen den Istzustand kennen und verstehen lernen.

Die Versuche, Herkunft und Standort der leitenden Angestellten aufzuzeigen, ihre Probleme zu analysieren, sind relativ jung. Das liegt nicht daran, daß es leitende Angestellte erst seit wenigen Jahren geben würde. Selbst Verbände von leitenden Angestellten können bereits auf eine mehr als 50-jährige Geschichte zurückblicken. Diese Verbände wurden damals als Selbsthilfeorganisationen gegründet, um sich, wie heute, gegen Organisationen zur Wehr zu setzen, die sie bevormunden, majorisieren wollten...

Im *Bereich der leitenden Angestellten* und das ist der Bereich, den ich im einzelnen darstellen will, führt eine Diskussion, die nur nach einem bipolarem Modell orientiert ist, an der gesellschaftspolitischen und betrieblichen Wirklichkeit vorbei, die wir aber nicht negieren können. Diese Wirklichkeit sieht der leitende Angestellte und er stellt sie weit über jede Ideologie.

Daß die leitenden Angestellten in Wirtschaft und Gesellschaft faktisch vorhanden sind, bestreitet heute niemand mehr. Es bestreitet auch niemand, daß die leitenden Angestellten in größeren Betrieben auch in Gruppen vorkommen. Die Diskussion geht lediglich darum, ob diese Gruppe, die auf dem siebenten Angestelltentag des DGB von Dr. Herbert WIEDEMANN als „elitäre Gruppe", als „Funktionselite im sozialen System" bezeichnet wurde, eine *eigenständige* Gruppe darstellt.

Wir bejahen dies klar und eindeutig. Das geltende Recht, die gesellschaftspolitische und betriebliche Wirklichkeit bestätigen das täglich. Es ist die Gruppe, die höhere Verantwortung für planvolle Zusammenarbeit und für die Einordnung in die übergreifende Wertordnung trägt.

Die leitenden Angestellten sind *arbeitsrechtlich* unbestritten und eindeutig *Arbeitnehmer*, denn sie stehen in abhängiger Arbeit. Ihre Rechte, Aufgaben und Pflichten sind in einem Arbeitsvertrag geregelt. Nach ihrer *Funktion* sind sie jedoch Teil der

Unternehmensführung und das unterscheidet sie grundlegend von anderen Arbeitnehmern. Dabei muß gesehen werden, daß die Unternehmensführung gekennzeichnet ist durch faktische und nicht durch rechtliche Befugnis, insbesondere rechtliche Entscheidungsbefugnis.

Der Vorstand einer Kapitalgesellschaft trägt zweifellos rechtlich die Entscheidungsbefugnis im Sinne einer, wie man es nennen könnte, *Breitenverantwortung*. Es gibt zweifellos keinen Unternehmensbereich, auf den sich diese Verantwortung des Vorstandes nicht erstreckte. Dabei ist der Vorstand in seiner Gesamtheit Entscheidungsorgan. Faktisch aber werden die rechtlich befugten Entscheidungsträger eines Unternehmens, insbesondere eines Großunternehmens, immer mehr überfordert, ihre rechtlichen Zuständigkeiten auszuschöpfen. Größenordnung des Unternehmens, technische Kompliziertheit, vielfältige Spezialisierung, erhöhte Verwissenschaftlichung, zunehmende Unübersichtlichkeit der Märkte, starker Wettbewerb und viele weitere Faktoren zwingen vor einer zu fällenden rechtlichen Entscheidung zu eingehenden spezialisierten Untersuchungen.

Hierzu sind die gesetzlich bestellten Vertreter eines Unternehmens einfach aus sich heraus nicht mehr in der Lage. Zur Führung eines derartig differenzierten Systems muß ein gut Teil *Führungsaufgaben übertragen* werden, und zwar auf die dazu befähigten Personen unterhalb des Vorstandes, sowohl auf die Tatgruppe, die leitenden Angestellten der Linie, als auch auf die Ratgruppe, die leitenden Angestellten der Stäbe.

Diese bereiten die unternehmerischen Entscheidungen im Verkauf, im Marketing, im Betrieb, Labor, Technikum und Konstruktionsbüro praktisch ratifikationsreif vor. Dieser Personenkreis trägt die Tiefenverantwortung mit allen Konsequenzen.

Damit soll keineswegs die Leistung der Unternehmensleitung heruntergespielt werden. Ihr bleibt die letzte Entscheidung und die Verantwortung gegenüber dem Kapitalgeber. Außerdem hat sie zu entscheiden, ob die Einzelvorlage in das Gesamtkonzept der Unternehmensführung paßt.

Zweifellos kann die Unternehmensleitung ein solches Entscheidungskonzept ablehnen, zugunsten eines anderen nicht minder exakt erarbeiteten Konzeptes. Sie wird sich aber verantwortlicherweise nicht, oder nur selten dazu entschließen, ein solches Konzept kraft einer Machtvollkommenheit abzuändern. Eine solche Handlungsweise würde ein beträchtliches Risiko beinhalten, weil die Konsequenzen einer Änderung nicht bis ins einzelne untersucht sind.

Hieraus ergibt sich, daß nur im *Zusammenwirken* von Breiten- und Tiefenverantwortung eine verantwortliche und optimale Unternehmensführung möglich ist. Hieraus ergibt sich aber auch, wie eng der die Tiefenverantwortung tragende leitende Angestellte in seiner Funktion mit der Unternehmensführung verknüpft ist. Er befindet sich in der Rolle eines *angestellten Unternehmers* im Bereich seines Aufgabengebietes und ist gleichzeitig Arbeitnehmer. Er steht in einem Spannungsfeld zwischen dem Unternehmer und den übrigen Arbeitnehmern. Diese, seine Zwischenstellung, die bald Mittler- bald Pufferstellung sein kann, unterscheidet ihn von den übrigen Arbeitnehmern und der juristisch legitimierten Unternehmensleitung, die ihrerseits vom Kapitaleigner eingesetzt ist.

Der leitende Angestellte ist im Betrieb und Unternehmen ein dritter eigenständiger Sektor, oder wenn dieser Faktor durch eine Gruppe getragen wird, eine dritte Gruppe ...

Die leitenden Angestellten *bekennen sich* zu dieser sozialverpflichteten Leistungsgesellschaft und damit zum Leistungsprinzip. Sie wollen den ihnen zustehenden Platz, ihre Rolle in Gesellschaft und Unternehmensgefüge nicht nur mit allen Rechten, sondern auch mit allen Pflichten einnehmen. Sie fühlen sich ihrer Arbeit verwachsen. Sie bedeutet ihnen Selbstverwirklichung und optimalen Einsatz für das gemeinsame Ganze. Diese Identifizierung mit den Sachaufgaben bedeutet aber auch, daß den leitenden Angestellten jede Klassenkampfideologie fremd sein muß, denn sie können ihre Aufgaben nur dann erfolgreich lösen, wenn sie in der Sache mit allen zusammenarbeiten, sowohl mit der Unternehmensleitung als auch mit den übrigen Arbeitnehmern. Nur durch das Zusammenwirken aller ist letztlich die Verwirklichung der Leistung möglich. Wir sehen uns in herausragender Weise als verbindende Kraft an.

Sind die leitenden Angestellten deshalb nicht „progressiv", um ein modernes Wort zu gebrauchen? Wenn „progressiv" bedeutet, neue realitätsfremde Ideologien aufzustellen oder nachzubeten, dann allerdings nicht. In ihrer Arbeit aber, an den Realitäten, einschl. der Wertordnung, gemessen, nehmen sie zumindest für sich in Anspruch, *fortschrittlich* zu sein. Ihre Arbeit ist nur vom Erfolg gekrönt, wenn sie vom Glauben und Willen zur besseren Lösung des Sachproblems ausgeht. *So* sehen sie in erster Linie ihr Streben zum Ganzen, ihren Beitrag zum Fortschritt. Sie anerkennen, daß Verbesserungen, angefangen bei ihrer eigenen Arbeit, stets gesucht werden müssen. Ich glaube aber sagen zu können, daß die leitenden Angestellten nichts von „Systemüberwindung" durch „Zerstörung des Systems" halten.

Die Leistungsgesellschaft fordert alle und muß allen die Möglichkeit geben, sich zu bewähren, jedem an seinem Platz. Dies gilt nicht zuletzt für die leitenden Angestellten. Dieser Herausforderung müssen aber auch die Leistungsanreize und Chancen entsprechen. In einer nivellierten Gesellschaft, einer Gesellschaft der stumpfen Gleichheit, einer *Zuteilungsgesellschaft*, in der letzten Endes wenige bestimmen, was alle bekommen und tun dürfen, sehen die leitenden Angestellten kein „Morgen" und eine Verhinderung des Fortschrittes. Fehlender Fortschritt bedeutet aber im internationalen Wettbewerb der Wirtschaft einen Rückschritt. Das können wir uns nicht leisten.

Die Beurteilung von Herkunft und gesellschaftspolitischer Einordnung und Bedeutung der leitenden Angestellten wäre unvollkommen ohne eine genauere Erklärung darüber, *wer* zu den leitenden Angestellten zählt. Die leitenden Angestellten sind, das habe ich schon ausgeführt, Teil der Unternehmensführung. Das beschreibt zugleich die Aufgabenstellung wie auch die Grenze dieses Personenkreises gegenüber den übrigen Arbeitnehmern, insbesondere den Angestellten.

„Leitende Angestellte sind Angestellte, die regelmäßig in nennenswertem Umfang und im wesentlichen unabhängig von inhaltlich bestimmenden fachlichen Weisungen unternehmerische Entscheidungen vorbereiten, treffen oder kontrollieren".

Aus diesem *Obersatz* hat der Gesetzgeber die wesentlichen Merkmale des § 5 III BetrVG hergeleitet, der nunmehr *rechtlich* bestimmt, wer zu den leitenden Angestellten zählt.

§ 5 III BetrVG umreißt dabei einmal den Peresonenkreis, der durch Generalvollmacht, Prokura oder Einstellungs- und Entlassungsbefugnis relativ leicht kenntlich gemacht werden kann. Wichtig ist jedoch die *3. Alternative* des § 5 III BetrVG. Nach ihr müssen die leitenden Angestellten im wesentlichen eigenverantwortlich Aufgaben wahrnehmen, die regelmäßig wegen deren Bedeutung für den Bestand und die Entwicklung des Betriebes im Hinblick auf besondere Erfahrungen und Kenntnisse übertragen werden. Dies ist nach Dienstvertrag und Dienststellung zu ermitteln. Die Merkmale des § 5 III BetrVG zeigen über die rechtlich notwendige Abgrenzung des Personenkreises hinaus auch eine *Entwicklungstendenz* auf. Die Frage, welche Aufgaben in einem Unternehmen oder Betrieb als wichtig angesehen werden, ist einer Wertausfüllung und damit einer fortschreibenden Begriffsauslegung zugänglich, wie das Merkmal der besonderen Erfahrungen und Kenntnisse.

Nach heutigem Stand lassen sich beispielsweise als *wichtige Aufgaben* kennzeichnen: die wirtschaftliche Fertigung; die technologische Verantwortung; die Kostenverantwortung für Selbstkosten und beeinflußbare Umlagekosten; die Beeinflussung der Rentabilität; die Koordinierung der Betriebsfunktionen; Findung, Beurteilung, Anweisung oder Einführung einer neuen technologischen Entwicklung; Führung von Anlagen. Weiterhin sind zu erwähnen: die Abgrenzung der Verantwortung und Zuständigkeitsbereiche der Mitarbeiter; Verantwortung für Leitung und Einsatz der Mitarbeiter im Hinblick auf Leistung, Eignung und Förderung; Sicherung des Arbeitsfriedens; Einflußnahme auf Einstellungen und Entlassungen und auf Planungen des Personalstandes; Beurteilung der Mitarbeiter; Einflußnahme auf Lohn- und Gehaltsfindungen; Motivation der Mitarbeiter im Hinblick auf Bestand und Entwicklung des Unternemens; Verantwortung für die betriebliche Sicherheit der Mitarbeiter; Verantwortung für gesetzliche oder behördliche Auflagen bezüglich des Betriebes oder der Anlage; Verantwortung für die Anschaffung von technischen oder organisatorischen Hilfsmitteln; selbstverantwortliche Verhandlungsführung; Einflußnahme auf die Arbeitsgestaltung; Festlegung von Konditionen; Beachtung des Marktes und entsprechende Nutzanwendung.

Dieser vielfältige Katalog zeigt zugleich, welche Fülle von Aufgaben heute im Bereich der leitenden Angestellten zu erledigen sind. Das Gesetz verlangt, daß diese Aufgaben *eigenverantwortlich* erledigt werden. Der leitende Angestellte ist damit in erster Linie auf Fachkenntnisse angewiesen, die er gesetzmäßig anzuwenden hat. Diese Fachkenntnisse werden in weiten Bereichen der Wirtschaft, heute bereits regelmäßig, durch wirtschaftliche Ausbildung vermittelt, so daß, ohne Abwertung von aufgestiegenen Praktikern, das Niveau der besonderen Erfahrungen und Kenntnisse über die ein leitender Angestellter verfügen muß, das Niveau der Hochschulausbildung ist.

An der Aufzählung läßt sich zugleich entscheiden, daß es nicht den wirtschaftlichen Realitäten entsprechen kann, als Unternehmensführung nur die gesetzlichen Vertreter einer Kapitalgesellschaft anzusehen. Auch die *Spezialisten* in den Gebieten Direktion, Steuer, Finanzen, Forschung, Entwicklung, Recht, Gesundheitswesen, Ausbildungswesen, Patentwesen, Werkssicherheit, Arbeitsschutz, Brandschutz, Revision, Anwendungstechnik sind zu den leitenden Angestellten zu zählen, soweit sie Eigenverantwortung tragen.

...

b) Günter Stephan: Führungskräfte aus der Sicht der Gewerkschaften[1] (Auszug)

Schwierigkeiten einer Definition

Ich bin mir bewußt, daß die Bezeichnung eines bestimmten Personenkreises in Betrieb, Unternehmen oder wo sonst auch immer als Führungskräfte nicht unbedingt als gelungen bezeichnet werden kann.

[1] Das Mitbestimmungsgespräch 11/1972, S. 217 f.

Sind Führungskräfte „Manager" oder „leitende Angestellte" oder beides?

Der Begriff „Management" läßt zweifelsfrei zwei Deutungen zu. In der engen Deutung versteht man darunter die oberste Führungsspitze einer Unternehmung — also eine hierarchische Einordnung —, während die zweite oder weite Deutung Führungskräfte aller Ebenen umfaßt.

Ich halte es in diesem Falle mit den Amerikanern, die von der funktionalen Deutung her den als „Manager" bezeichnen, der bestimmte Funktionen unter Einwirkung auf andere Organisationsangehörige zur Aufgabenlösung ausübt. Vielleicht könnte man von daher „Führungskräfte als „Einwirkungspotentiale" bezeichnen.

Verwenden wir den Begriff des „leitenden Angestellten" (wobei sich nach Professor Scheuch der Akzent der Tätigkeit von „leitend" auf „Angestellte" verlagert hat — er möchte also das „Corps der leitenden Angestellten..." kennzeichnen als „Angestellte mit hoher Qualifikation"), so meine ich damit nicht den „Top- oder Spitzenmanager", der eigenverantwortlich handelt und den Unternehmer im Geschäftslehen kraft seiner allgemeinen und weitreichenden Vollmacht so ersetzt, daß sein Handeln dem des Unternehmers tatsächlich und rechtlich für den Geschäftsverkehr gleichwertig ist.

Dieser durch diese Definition abgedeckte Personenkreis kann wohl als „Nichtarbeitnehmer" bezeichnet werden.

Befassen wir uns heute mit den qualifizierten Angestellten, die die Geschäftspolitik ausführen, denen die dispositive Planung und Kontrolle, denen die Durchführungsplanung und Steuerung obliegt.

Kontroverse Diskussion

Selten ist über eine soziologische Gruppe so engagiert und kontrovers diskutiert worden wie über diesen von mir vorhin angesprochenen Personenkreis.

Interessant ist die Tatsache, daß es dabei nicht nur um die Schwierigkeiten bei der Auslegung rechtstechnisch komplizierter Normen als vielmehr um die Auseinandersetzung grundsätzlicher gesellschaftspolitischer Konflikte geht.

Ausgangspunkt für diese Kontroverse, an der sich die Parteien, Gewerkschaften und Arbeitgeberverbände, Standesorganisationen und Einzelpersonen beteiligten, war die Forderung des DGB und die von der soziallliberalen Koalition eingesehene Notwendigkeit, das veraltete Betriebsverfassungsgesetz zu novellieren; eine moderne, den gesellschaftlichen Veränderungen gerecht werdende Betriebsverfassung zu schaffen.

Bei aller Anerkennung des guten Willens beim Gesetzgeber darf und muß ich betonen, daß die Definition der oder des „leitenden Angestellten" wieder eine Generalklausel geworden ist.

Professor Rüthers sagt m. E. zu Recht, daß „die Defintion der leitenden Angestellten nach dem Gesetz nur äußerlich geringfügig modifiziert" wurde.

Für uns sind „leitende Angestellte" Angestellte, die als Führungspotentiale in wichtigen Funktionen der Leitung, des Stabes, der Forschung, Entwicklung und Lehre tätig sind und die in der Regel nicht unter den Geltungsbereich des Tarifvertrages fallen, soweit ihnen

a) nicht Generalvollmacht erteilt ist oder soweit sie nicht

c) Betriebe mit selbständiger Entscheidungsbefugnis leiten oder

c) zur selbständigen Einstellung und Entlassung aller im Betrieb beschäftigten Arbeitnehmer berechtigt sind.

Erfaßt sind somit alle qualifizierten Angestellten unter Berücksichtigung der Entwicklungstendenzen im technischen und organisatorischen Bereich, aber auch des Selbstverständnisses dieser Gruppe und des Bedürfnisses nach Anerkennung.

Anders die Argumentation der Arbeitgeberverbände.

Der Hauptgeschäftsführer der Bundesvereinigung der Deutschen Arbeitgeberverbände, Dr. Eichler, bezeichnete die „leitenden Angestellten" in einem Hearing während der Beratung über das Betriebsverfassungsgesetz als „Führungsgehilfen der Unternehmensleitung und damit als Teil der Unternehmensleitung", wobei er nicht vergaß, auf das „unantastbare Entscheidungsrecht der Unternehmerseite in wirtschaftlichen und unternehmerischen Fragen" hinzuweisen.

Er führte weiter aus, daß „die Aufgaben und Anforderungen die leitenden Angestellten der Unternehmensführung zuordnen, schon deshalb, um grundsätzliche Strukturfragen unserer marktwirtschaftlichen Ordnung nicht zu gefährden und um den Bestand der freiheitlichen Wirtschafts- und Gesellschaftsordnung zu sichern".

Die Arbeitgeber sehen also nicht erst seit dem Amtsantritt von Helmut Schmidt und der Koalition des ungleichen Professorengespanns Erhard/Schiller die Marktwirtschaft gefährdet.

Die CDU/CSU gründete gar den Bundesbeirat „Leitende Angestellte" und sieht nach jüngsten Äußerungen auf dem Fachkongreß der CSU, die ja immer unmißverständlicher formuliert als die CDU, „in den ‚Fach- und Führungskräften' eine neue dritte Säule des Mittelstandes moderner Prägung und Deutung". „Ihr gehe es", so der Sprecher Dr. Heller, „um den Begriff einer neuen Mitte, die über den klassischen Begriff des Mittelstandes hinausgreife." Nach Dr. Heller ist es dann so, „daß sich dieser Mittelstand zum besonderen Engagement für freiheitliche Lebensordnung verpflichtet fühle".

Die Verfechter dieses Klassenkampfes von oben, die getreu dem Motto „teile und herrsche" die Arbeitnehmerschaft möglichst atomisieren möchten, die den Begriff der Solidarität nur kennen, wenn Kapitalinteressen darunter verstanden werden, werden nicht müde, eine Novellierung des gerade in Kraft getretenen Gesetzes zu fordern, in dem dann auch die ihnen genehmen Sprecherausschüsse ihren Platz finden würden.

Es hat mit Polemik nichts zu tun, aber das würde bedeuten, daß es für die Arbeitnehmer den Betriebsrat und für die „gehobenen" Arbeitnehmer den Sprecherausschuß geben würde. Ich kann nicht oft und laut genug vor dieser Entwicklung warnen. Sprecherausschüsse sind kein Ersatz des Betriebsrates für die Angestellten in Leitungsfunktionen. Sie sind Vertretungsorgane ohne Rechte.

Sprecherausschüsse sind und bleiben Diskussionszirkel außerhalb der durch das Betriebsverfassungsgesetz geschaffenen Schutzmöglichkeiten.

Sie wären auf das Wohlwollen der Arbeitgeber angewiesen, die sich nur freiwillig binden.

Die Freiwilligkeit gilt hier allerdings nur solange, wie die Sprecherausschüsse das erwartete Wohlverhalten an den Tag legen.

Es ist einfach unverständlich, daß sich neuerdings der Vorsitzende der CDU-Sozialausschüsse, unser Kollege Katzer, so für diese Sprecherausschüsse strapaziert.

„Die leitenden Angestellten laufen damit Gefahr, daß sie", wie es Herr Grammüller auf einer Tagung der ULA am 22. April des Jahres in der Theodor-Heuss-Akademie formulierte, „zwischen zwei Mühlsteine geraten, ohne dafür mehr zu bekommen, als gelegentlich dem Herzen Luft machen zu dürfen."

Wir sollten vielmehr gemeinsam versuchen, in einer anderen Richtung zu einer Novellierung des § 5 des Betriebsverfassungsgesetzes zu kommen, nämlich dergestalt, daß der Gesetzgeber konkreter formuliert und es nicht den Gerichten überläßt, Rechtspolitik zu betreiben.

Da sollten wir gemeinsam versuchen, für und nicht, wie es ULA und andere Gruppen tun, gegen die Interessen der Angestellten in Leitungsfunktionen zu streiten.

Es ist mir unverständlich, daß sogenannte Interessenvertretungen leitende Angestellte gemeinsam mit den Arbeitgebern animieren, sich von den Wählerlisten für die Betriebsratswahlen streichen zu lassen, obwohl sie genau wissen, daß sie damit der Schutzfunktion des Betriebsrates entzogen werden, wenn es um die §§ 94 — die Beurteilungsgrundsätze —, 99 — die Mitbestimmung bei personellen Einzelmaßnahmen —, 102 — Mitbestimmung bei Kündigungen — geht. Wenn sie ausgeschlossen werden von den neugeschaffenen Individualrechten gemäß § 81 und weitere. Wenn ihnen der Schutz der Mitbestimmung bei Betriebsänderungen und der Einbeziehung in die Sozialpläne fehlt.

Wider besseres Wissen wird heute immer noch behauptet, die leitenden Angestellten wollten gar nicht „unter die Fittiche" der Betriebsräte, wollten nicht in die Betriebsverfassung einbezogen werden, wobei — lassen Sie mich auch das einmal deutlich aussprechen — das Betriebsverfassunggesetz als ein Arbeitnehmer-Schutzgesetz gesehen werden muß.

Untersuchungsergebnisse

So brachte unsere Repräsentativuntersuchung andere Ergebnisse.

Da sind es nämlich 69 Prozent der Befragten, die sich als Arbeitnehmer fühlen.

Da bejahen 74 Prozent die Zugehörigkeit zur Belegschaft, bejahen also das aktive und passive Wahlrecht zum Betriebsrat.

Diese Aussagen werden bekräftigt durch die Antworten in den unzähligen Fragebogen, die uns jeden Tag noch erreichen.

Es ist doch gar nicht so, daß sich die „leitenden Angestellten" durch die Unternehmer gerecht behandelt fühlen.

Die Unzufriedenheit scheint jedoch tiefer zu sitzen.

In diesem Zusammenhang mag Sie eine Untersuchung des bekannten Frankfurter Personalberaters Schubert interessieren, die sich auf die gesellschaftspolitischen Vorstellungen von 1 400 Führungskräften der Wirtschaft bezieht.

Von den befragten Personen im Alter zwischen 30 und 40 Jahren, deren Jahreseinkommen zwischen 50 000 und 150 000 DM liegen, äußerten 43 Prozent die Ansicht, daß alle Firmen im Privatbesitz zwar nicht enteignet, jedoch „überwacht" werden sollten. Dabei dachte man vorwiegend an „Mitbestimmung" oder staatliche Kontrolle.

32 Prozent der befragten Führungskräfte vertraten die Meinung, Großunternehmen von einer Größenordnung ab 500 Mill. DM Jahresumsatz seien zu enteignen.

14 Prozent sprachen sich für die Beibehaltung des gegenwärtigen Zustandes aus.

11 Prozent traten für die Enteigung des gesamten Privateigentums ein.

Diese Aussagen finden wir in etwa immer wieder bei den uns zugeschickten Antwortbogen bestätigt.

Mehr als 30 000 dieser qualifizierten Angestellten forderten bei uns einen Musteranstellungsvertrag an.

Denn noch und noch gibt es Mängel in den persönlichen Anstellungsverträgen, in denen es vor allem an einer Vereinbarung über regelmäßige oder an die gewerkschaftlichen Tariferfolge anzulehnende Gehaltserhöhungen fehlt.

Es sind weiterhin Fragen der Arbeitszeit bzw. der Mehrarbeit, die nicht vergütet wird, der Alterssicherung oder des Wettbewerbsverbots.

Das Tabu der Gehälter ist nach wie vor ein willkommenes Instrument für die Arbeitgeber; für beide Seiten geltende, oft unverantwortlich lange Kündigungsfristen erweisen sich als Fessel und zum großen Nachteil für die Angestellten.

Dabei handelt es sich nicht nur um nationale Probleme.

Diskussion um leitende Angestellte auch in anderen Ländern

Wir konnten auf der Gründungskonferenz der EURO-FIET des Internationalen Bundes der Privatangestellten am 8. November des Jahres in Kopenhagen deutlich spüren, daß auch im internationalen Bereich die Diskussion um die „leitenden Angestellten" in Fluß gekommen ist.

Halten wir fest, daß in allen Industrieländern die Zahl der Angestellten durch die Anpassung an die technische Entwicklung und durch Veränderung der wirtschaftlichen Struktur, aber auch die Anpassung an die Marktgegebenheiten ständig steigt.

Überproportional aber steigt die Zahl der Angestellten, vor allem in kapital- und forschungsintensiven Wachstumsindustrien, die bisher noch nicht von den Kollektivverträgen erfaßt werden. Die strukturellen Veränderungen, insbesondere die Rationalisierungs- und Konzentrationsvorgänge, die sehr stark gerade von den Maßnahmen internationaler Konzerne beeinflußt werden, haben die „leitenden Angestellten" sehr deutlich an ihre Arbeitnehmersituation erinnert.

Da zeigt sich dann, für diese Gruppe deutlicher als für andere, daß sie abhängig sind von den Entscheidungen der Konzernspitze.

Unsicherheit und Schutzbedürfnis

Das Bewußtsein dieser Unsicherheit — bezogen auf Arbeitsplatz und Lebensstandard —, andere Kriterien habe ich eben schon genannt, hat zu einem verstärkten Schutzbedürfnis und erfreulicherweise zu gewissen Solidarisierungstendenzen geführt.

Wir fühlen uns verpflichtet, stärker noch als bisher uns dieser Angestellten, deren Anforderungsmerkmale nach Tätigkeit und Qualifikation über den Merkmalen der derzeitigen Tarifverträge liegen, die also Führungskräfte sind und doch keine Arbeitgeberfunktion ausüben, weil sie eindeutig nach ihrer wirtschaftlichen und sozialen Stellung Arbeitnehmer sind, besonders anzunehmen.

Es hat keinen Sinn, wenn bei dieser Betrachtung die unterschiedlichen Interessenlagen von Kapital und Arbeit verkleistert werden, wobei ich noch einmal auf die Ausführungen von Dr. Eichler hinziele.

Darf ich noch einmal zur Verdeutlichung auf die Aufgaben der Unternehmensführung zurückkommen, wie sie die Akademie für Führungskräfte der Wirtschaft in Bad Harzburg sieht.

Als Unternehmeraufgaben werden dort bezeichnet:

— Die Entscheidung über die Gesamtzielsetzung des Unternehmens und ihre Anpassung an veränderte Situationen.

— Die kurz-, mittel- und langfristige Unternehmensplanung und die langfristige dementsprechende Strategie.

— Die Festlegung der Organisationsstruktur des Unternehmens.

— Die Bestimmung der Produktionspolitik.

— Die Entscheidung über die Richtlinien der Forschungs- und Entwicklungspolitik.

— Die Entscheidung über die Marketing-Konzeption.

— Die Entscheidung über die Richtlinien für die Finanzpolitik.

— Die Entscheidung über die Richtlinien für die Personal- und Sozialpolitik.

— Die Entscheidung über die Richtlinien für Organisation und Verwaltung.

— Die Koordinierung der verschiedenen ihr unterstehenden Bereiche.

— Die Auswahl der Mitarbeiter auf der nächsten betrieblichen Ebene bzw. in den der Unternehmensführung zugeordneten Stäben.

Harzburg charakterisiert diese Funktionen als „nicht delegierbare Aufgaben der Unternehmensführung".

Unabhängig von der Frage, wie man zu Harzburg steht, muß man allerdings doch zugeben, daß Harzburg sehr genau über Arbeitgebermeinungen informiert ist.

Ganz abgesehen von den Möglichkeiten des Mitbestimmens gemäß dem Betriebsverfassungsgesetz durch den Betriebsrat wird aber doch deutlich, daß letztlich vom „inneren Führungskreis" entschieden wird. Dabei liegt die Vorbereitung der Entscheidung in den meisten Fällen selbstverständlich bei den Stäben und damit bei den „leitenden Angestellten".

Aber sie entscheiden eben nicht eigenverantwortlich, wie es das Betriebsverfassungsgesetz für den „Nichtarbeitnehmer" und damit für den Unternehmer vorsieht.

Leitende Angestellte sind, wie alle übrigen Arbeitnehmer, von unternehmerischen Entscheidungen abhängig und damit schutzbedürftig.

Karl Hermann Flach, der Generalsekretär der FDP, formulierte es in der Nr. 10 der ULA-Zeitschrift „Der Leitende Angestellte" so:

„Arbeitsrechtlich betrachtet sind die leitenden Angestellten Arbeitnehmer, denn mit ihnen teilen sie die soziale Unsicherheit ihrer Existenz. Sie sind abhängig beschäftigt und kündbar."

Ich verstehe deshalb an sich auch nicht die Inkonsequenz, wenn er an anderer Stelle sagt:

„Die leitenden Angestellten sind keine Selbständigen kraft eigenen Kapitals, jedoch ihrer Leistung nach. Sie ähneln dem Typ des Unternehmers mit beschränkter Haftung."

Hebt hier die Abhängigkeit die Identität mit dem Selbständigen nicht auf?

Aus den von den Unternehmern vorgenommenen Begrenzungen der Verantwortlichkeit, der Selbständigkeit, geht jedoch nur allzu deutlich hervor, daß leitende Angestellte, das sagt ja an sich auch schon das Wort „Angestellte", nicht funktional Unternehmer sind.

Mehrdeutigkeit und Mißbrauch des § 5 Betriebsverfassungsgesetz

Im Interesse der Betroffenen bedauern wir, daß das Betriebsverfassungsgesetz und hier insbesondere der § 5 Abs. 3 so viele Deutungen zuläßt.

Zwar werden vom Geltungsbereich des Gesetzes nur solche Arbeitnehmer ausgenommen, die „leitende Angestellte" sind und darüber hinaus, ich betone das ausdrücklich, zusätzlich eine der in den Ziffern 1 bis 3 angeführten Voraussetzungen erfüllen.

Wichtig ist, daß sie funktionell — die Hierarchie kann wohl nicht gemeint sein — nach Dienststellung und Dienstvertrag

1. zur selbständigen Einstellung und Entlassung von im Betrieb oder in der Betriebsabteilung beschäftigten Arbeitnehmern berechtigt sind oder

2. Generalvollmacht oder Prokura haben oder

3. im wesentlichen eigenverantwortlich Aufgaben wahrnehmen, die ihnen regelmäßig wegen deren Bedeutung für den Bestand und die Entwicklung des Betriebes im Hinblick auf besondere Erfahrungen und Kenntnisse übertragen werden.

Diese Zahl, und hier schließe ich mich der Aussage unseres Kollegen Dr. Farthmann an, kann mit rund 50 000 beziffert werden.

Was aber noch vor den Betriebsratswahlen zum „leitenden Angestellten" nach den genannten drei Kriterien befördert wurde, spottet jeder Beschreibung.

Da sind zuhauf Angestellte zu „Rittern geschlagen" worden, wobei es, wie bei der Deutschen Bank, beim Garagenmeister anfängt und in der Industrie beim Schweißingenieur aufhört.

Da sind ziel- und wahllos Betriebshandwerker zu „Ehrenangestellten" befördert worden, wobei das „Ehrenangestellter" für den Begriff des „leitenden Angestellten" steht.

Mit derartigen Methoden können wir uns nicht anfreunden.

Da helfen auch keine Mahnungen wie die von Professor Rüthers, „daß der loyalen Befolgung des verfassungsmäßig verabschiedeten Gesetzes besondere Bedeutung zukomme".

Tagtäglich ist von den Arbeitgebern seit dem 19. Januar 1972 unter Beweis gestellt worden, daß sie die verbindlich ausgedrückten rechtspolitischen Zwecke einen „feuchten Kehricht" interessieren. Da ist permanent willkürlich gegen das Gesetz verstoßen worden.

Da sind qualifizierte Arbeitnehmer, ohne lange zu fackeln, zu soziologischen und rechtlichen Kastraten gemacht worden.

Da setzte eine Beförderungswelle ohnegleichen ein.

Dabei darf man nicht etwa davon ausgehen, daß die Beschäftigung nach dem individuellen Anstellungsvertrag nun unbedingt eine Auszeichnung bedeutet.

Neue Aufgaben für den DGB

Wir haben uns diese Anstellungsverträge angesehen und haben jeden Tag mit ratsuchenden Angestellten in Leitungsfunktionen zu tun, denen die Augen aufgegangen sind.

Es ist unabdingbar, daß die „leitenden Angestellten" an den Erfolgen der gewerkschaftlichen Tarifpolitik teilhaben müssen.

Wir werden dabei wohl abkommen müssen von der Begrenzung nach K, T oder M 5, 6 oder 7.

Konkret werden sich der DGB und seine Gewerkschaften im Rahmen eines Kataloges Gedanken machen müssen über

— die entsprechende Anhebung der Gehälter
— die Regelung von Mehrarbeitszuschlägen
— eine Urlaubsregelung
— die Regelung des Urlaubs- und Weihnachtsgeldes
— einen Rationalisierungs- und Kündigungsschutz
— den Bildungsurlaub.

Wir werden initiativ werden müssen, wenn es um arbeitsrechtliche Maßnahmen wie
Provisionen — Tantiemen — Versicherungszuschüsse für Krankenversicherung, Leben und Unfall — Darlehen — Dienstwagen — Wohnung — Telefon — Gehaltsfortzahlung bei Krankheit und Sterbefall geht.

Gesetzlich muß erreicht werden ein

— verbesserter Kündigungsschutz
— die Überprüfung des Wettbewerbsverbotes

— die Neuregelung des Haftungsrechtes
— die Verbesserung des Erfinderrechts und des Vorschlagswesens (ich nenne hier nur das Stichwort „Innovation").

Auch Sonderprobleme im Bereich der Renten-, Kranken- und Unfallversicherung gehören mit dazu.

Gedanken müssen wir uns auch über eine Verbesserung der Einkommen- und Lohnsteuergesetze zugunsten dieses Personenkreises machen. Eingebettet darin sind die Forderungen nach Verbesserung der Steuerprogression und der Absetzungsmöglichkeit für Werbungskosten und Sonderausgaben.

Vergessen dürfen wir aber auch nicht die ständige Analyse der sozialen Lage sowie des Gesellschaftsbildes dieses Personenkreises, weil nur dadurch eine realistische Einschätzung der Situation möglich ist.

Dazu gehört die laufende Information der Betroffenen wie auch der Öffentlichkeit, Behörden und Regierungen über die Ergebnisse der Analyse.

Dringend notwendig ist die Ausdehnung der durch die Betriebsräte erreichten Maßnahmen auf dem Gebiet der Personal- und Sozialpolitik auf den Kreis der Angestellten, der zur Zeit noch nicht von Tarifverträgen erfaßt wird. ...

II. Arbeitsrechtliche Mitbestimmung der leitenden Angestellten

1. Betriebsverfassungsgesetz vom 15. Januar 1972[1]

(Auszug)

VIERTER TEIL

Fünfter Abschnitt

(Das BetrVG kennt keine eigenständige Vertretung der leitenden Angestellten)

...

§ 105. Leitende Angestellte

Eine beabsichtigte Einstellung oder personelle Veränderung eines in § 5 Abs. 3 genannten leitenden Angestellten ist dem Betriebsrat rechtzeitig mitzuteilen.

...

2. Entwurf eines Gesetzes zur Änderung des Betriebsverfassungsgesetzes vom 16. April 1970[1]

(Auszug)

Antrag der CDU/CSU-Fraktion

...

VIERTER TEIL

Die Vertretung der leitenden Angestellten

§ 98. Sprecherausschüsse

(1) Zur Wahrnehmung de Belange der leitenden Angestell-

[1] BGBl. 1972 I S. 13.

[1] BT-Drucksache VI 1806, S. 20, 21.

ten sind in den Betrieben mit mehr als fünf leitenden Angestellten Sprecherausschüsse der leitenden Angestellten zu bilden.

(2) Die Vorschriften des Zweiten Teils finden auf leitende Angestellte nur insoweit Anwendung, als dies ausdrücklich bestimmt ist.

§ 99. Aktives und passives Wahlrecht

(1) Wahlberechtigt sind alle leitenden Angestellten des Betriebs.

(2) Wählbar sind alle leitenden Angestellten des Betriebs. § 48 gilt entsprechend.

§ 100. Durchführung der Wahl

Die drei dienstältesten leitenden Angestellten treffen die Wahlvorbereitungen und leiten die Wahl. Die Wahl kann unter den in § 59 Abs. 1 genannten Voraussetzungen von mindestens drei leitenden Angestellten angefochten werden. Im übrigen gelten die Vorschriften der § 53 Abs. 1, §§ 57, 58 und 60 sinngemäß.

§ 101. Mitgliederzahl, Amtszeit

(1) Der Sprecherausschuß der leitenden Angestellten besteht in Betrieben mit in der Regel

bis 50 leitenden Angestellten aus 1 Person (Sprecher der leitenden Angestellten),
51 bis 150 leitenden Angestellten aus 3 Mitgliedern,
151 bis 500 leitenden Angestellten aus 5 Mitgliedern,
über 500 leitenden Angestellten aus 7 Mitgliedern.

(2) Der Sprecherausschuß der leitenden Angestellten wählt aus seiner Mitte einen Vorsitzenden.

(3) Die Amtszeit des Sprecherausschusses der leitenden Angestellten beträgt drei Jahre. Sie beginnt mit der Bekanntgabe des Wahlergebnisses.

§ 102. Aufgaben und Befugnisse des Sprecherausschusses

(1) Arbeitgeber und Sprecherausschuß der leitenden Angestellten arbeiten vertrauensvoll und zum Wohle des Betriebs zusammen.

(2) Der Sprecherausschuß der leitenden Angestellten kann Angelegenheiten des Betriebs, die die Belange der leitenden Angestellten betreffen, mit dem Arbeitgeber besprechen.

(3) Der Arbeitgeber hat den Sprecherausschuß der leitenden Angestellten mindestens einmal im Kalenderjahr über die wirtschaftliche Lage und die Entwicklung des Betriebs und Unternehmens zu unterrichten.

(4) Personelle Maßnahmen und Veränderungen sowie Feststellungen nach § 18 Buchstabe c, die leitende Angestellte betreffen, hat der Arbeitgeber mit dem Sprecherausschuß der leitenden Angestellten rechtzeitig zu erörtern.

(5) Der Sprecherausschuß der leitenden Angestellten ist von geplanten Betriebsänderungen zu unterrichten.

(6) Für die Gestaltung der Dienstverhältnisse der leitenden Angestellten können der Arbeitgeber und der Sprecherausschuß der leitenden Angestellten Richtlinien vereinbaren. Die Richtlinien haben für die Dienstverhältnisse der leitenden Angestellten unmittelbare Wirkung, wenn dies in der Richtlinie ausdrücklich bestimmt ist.

§ 103. Zusammenarbeit zwischen Sprecherausschuß und Betriebsrat

(1) Um die Zusammenarbeit mit dem Betriebsrat sicherzustellen, können der Sprecherausschuß der leitenden Angestellten dem Vorsitzenden des Betriebsrats das Recht einräumen, an den Sitzungen des Sprecherausschusses der leitenden Angestellten teilzunehmen, und der Betriebsrat dem Vorsitzenden des Sprecherausschusses der leitenden Angestellten das Recht einräumen, an den Sitzungen des Betriebsrats teilzunehmen.

(2) Einmal im Vierteljahr soll eine gemeinsame Sitzung des Sprecherausschusses der leitenden Angestellten mit dem Betriebsrat stattfinden.

§ 104. Gesamtsprecherausschuß

(1) Die Sprecherausschüsse der leitenden Angestellten der Betriebe können einen Gesamtsprecherausschuß der leitenden Angestellten im Unternehmen bilden. In den Gesamtsprecherausschuß der leitenden Angestellten entsendet jeder Sprecherausschuß einen von seinen Mitgliedern gewählten Vertreter; der Gesamtsprecherausschuß darf nicht mehr als zehn Mitglieder umfassen.

(2) In Unternehmen mit mehr als fünf leitenden Angestellten kann auch in sonstigen Fällen an Stelle eines Gesamtsprecherausschusses auf Unternehmensebene ein Sprecherausschuß gebildet werden.

§ 105. Anwendbare Vorschriften

§§ 25, 68 Abs. 1 und 2, § 69 Abs. 1 und 2 Satz 1, §§ 70, 71, 75 und 76 Abs. 1 gelten sinngemäß.

...

3. Stellungnahme der F.D.P.

a) Thesen 2 und 4 des 1. Abschnitts des dritten Teils der Freiburger Thesen[1]

(Auszug)

...

These 2

Oberstes Organ der Vertretung der Arbeitnehmer in sozialen und personellen Angelegenheiten ist der Betriebsrat. Oberstes Organ der Vertretung der Arbeitnehmer in technischen und ökonomischen Angelegenheiten ist der Wirtschaftsausschuß.

Der Wirtschaftsausschuß setzt sich zusammen zu je einem Drittel aus Delegierten des Betriebsrates, der Arbeitsgruppen und der Gruppe der leitenden Angestellten. Die Zahl seiner Mitglieder wird durch Betriebsvereinbarung festgesetzt und

[1] Die Freiburger Thesen der Liberalen, Hamburg, 1972, S. 94, 95.

richtet sich nach den betrieblichen Erfordernissen. Eine wirksame Arbeit des Wirtschaftsausschusses muß durch Beschränkung auf einen überschaubaren Personenkreis und durch die fachliche Eignung der Mitglieder gesichert sein.

Die Mitarbeit des Wirtschaftsausschusses in technischen und ökonomischen Angelegenheiten soll durch die Verankerung eines Vortragsrechts des Wirtschaftsausschusses beim Aufsichtsrat gesichert werden.

Erläuterung

Die Rechte des Betriebsrates als dem obersten Organ sozialer Interessenvertretung der Arbeitnehmer bleiben unberührt. Die im Betriebsverfassungsgesetz (BVG) durchgeführte Trennung zwischen sozialem und wirtschaftlichem Mitbestimmungsrecht wird beibehalten.

Das soziale Mitbestimmungsrecht der Betriebsräte wird durch den Ausbau von betrieblichen Mitwirkungsrechten des Wirtschaftsausschusses in technischen und ökonomischen Fragen ergänzt.

Die Zusammensetzung des Wirtschaftsausschusses schafft die demokratische Legitimation zur einheitlichen Wahrnehmung zugleich sozialer, personeller, technischer und ökonomischer Interessen der Arbeitnehmer.

Der Wirtschaftsausschuß tagt gemeinsam mit der Betriebsleitung. Er soll die Einsichten der Betriebsangehörigen in die Entscheidungen von Geschäftsleitung und Aufsichtsorgan einbringen.

These 4

Die leitenden Angestellten haben grundsätzlich die gleichen sozialen Rechte wie jeder Arbeitnehmer im Betrieb. Ihrer besonderen Stellung als Angehörige der Betriebsleitung und der Belegschaft ist entsprechend Rechnung zu tragen. Sie schließen sich zur Vertretung ihrer sozialen und personellen Interessen zusammen und wählen hierfür einen Ausschuß der leitenden Angestellten. Dieser arbeitet mit dem Betriebsrat zusammen.

Erläuterung

Die leitenden Angestellten erhalten zur Vertretung ihrer besonderen sozialen Belange eine eigene Interessenvertretung. Dies erscheint notwendig wegen der besonderen Interessenlage und dem Selbstverständnis der leitenden Angestellten sowie ihrer besonderen Stellung und Aufgabe im Betrieb. Leitende Angestellte in diesem Sinne sind Angestellte, die zur selbständigen Einstellung und Entlassung von im Betrieb oder in einer wesentlichen Betriebsabteilung beschäftigten Arbeitnehmern berechtigt sind oder nach Arbeitsvertrag und Stellung im Betrieb regelmäßig und im wesentlichen eigenverantwortlich entweder übertragene Arbeitgeberbefugnisse wahrnehmen oder für den Bestand und die Entwicklung des Betriebes wichtige Aufgaben auf Grund besonderer Erfahrung oder Kenntnisse erfüllen.

Von einer Verankerung der leitenden Angestellten im Betriebsrat durch Gewährung des aktiven und passiven Wahlrechts zum Betriebsrat wird abgesehen.

Soziale und personelle Angelegenheiten, die durch den Betriebsrat repräsentiert werden und zugleich die Interessen der leitenden Angestellten betreffen, sollen durch Kooperation zwischen dem Betriebsrat und dem Ausschuß der leitenden Angestellten geregelt werden. Im übrigen bleibt die Funktion des Betriebsrates als Interessenvertretung der Arbeitnehmer und Vertretungsorgan für gesamtbetriebliche soziale und personelle Interessen unberührt.

...

b) Bundestagsrede von Hansheinrich Schmidt zur Position der leitenden Angestellten[1]

Das Thema „Leitende Angestellte“ hat wie wenig andere die Gemüter bewegt. Die Vereinbarung der Koalitionsfraktionen ist ein Kompromiß, der der besonderen Funktion der leitenden Angestellten Rechnung trägt und der immer deutlicher in Erscheinung tretenden Entwicklung zu einer eigenständigen sozialen Gruppe Rechnung trägt.

In der Vergangenheit wurden sie mehr oder weniger aus-

[1] Protokoll der 150. Sitzung der 6. Legislaturperiode des Deutschen Bundestags vom 10. November 1971.

schließlich als der verlängerte Arm des Unternehmers bzw. des Arbeitgebers betrachtet.

Sie galten daher konsequenterweise z. B. im Betriebsverfassungsrecht nicht als Arbeitnehmer.

Das hat seine Problematik, weil sie arbeitsrechtlich unbestritten Arbeitnehmer sind, da sie in abhängiger Arbeit stehen. Andererseits sind sie genauso unbestritten Teil der Unternehmensführung. Es gilt daher ihrer Doppelfunktion aus ihrer Arbeitnehmerstellung und ihrer beruflichen unternehmerischen Funktion Rechnung zu tragen und keine rechtliche Vergewaltigung ausschließlich in die eine Richtung oder die andere Richtung vorzunehmen.

Die Koalitionsfraktionen sind daher übereingekommen, und zwar im Wege des Kompromisses, eine Lösung anzubieten, die dem Selbstverständnis der leitenden Angestellten entspricht und alle Wege für die künftige Entwicklung offen hält.

Dabei war unter anderem die Überlegung maßgebend, daß der Kreis, der durch das geltende Recht gemeint ist, nicht eingeschränkt und nicht erweitert werden soll. Ich glaube, dies sollte betont werden, weil es darüber eine Menge Spekulationen gegeben hat und gibt.

Gerade wegen dieser Spekulation war zeitweilig die Überlegung vorhanden, es zunächst einfach bei dem bisher geltenden Text zu belassen, durch den versucht wird, den Kreis der leitenden Angestellten zu umschreiben. Wir sind davon jedoch wieder abgekommen, weil er zu viele Manipulationsmöglichkeiten hinsichtlich der Abgrenzung bietet.

Die jetzt vorliegende Fassung ist eine Objektivierung gegenüber dem geltenden Text in zweierlei Hinsicht:

Einmal besteht ein klarer Hinweis auf Dienstvertrag und Dienststellung, also objektivierbare Kriterien, und zum anderen ist durch einen Verzicht, d. h. die Streichung der Vertrauensklausel, ein Merkmal beseitigt, das sehr weitgehend auslegungsfähig war und nicht immer im Sinne des Gesetzes Anwendung gefunden hat. In der nunmehr vorgelegten Fassung wird der Versuch unternommen, den Kreis der leitenden Angestellten objektiv und funktionsgerecht abzugrenzen.

Das Merkmal der „eigenverantwortlichen" Wahrnehmung von Aufgaben zeigt einen deutlichen Unterschied zu dem nur ausführend Tätigen unabhängig davon, ob dieser eine qualifizierte Arbeit verrichtet. Das Merkmal der Eigenverantwortung zeigt sich gerade darin, daß eine eigene, um nicht zu sagen weitgehende Dispositionsbefugnis vorliegt.

Der Hinweis auf die besonderen Erfahrungen und Kenntnisse soll zum Ausdruck bringen, daß eine qualifizierte abgeschlossene Hochschulausbildung oder eine für die Tätigkeit vergleichbare Spezialausbildung und die Fähigkeit, dieses Wissen in die Praxis umzusetzen bzw. eine entsprechende Praxis vorhanden sein müssen.

Zusammen mit der Bedeutung dieser Tätigkeit für das Unternehmen wird die Funktion des leitenden Angestellten in einer Weise umrissen, die einseitig verengende Auslegungen oder zu weitgehende Interpretationen ausschließen sollte.

Der Gesetzentwurf der CDU/CSU-Opposition unterscheidet sich von dem Vorschlag der Koalition in zwei wesentlichen Punkten. Nach ihrer Auffassung sollen der Arbeitgeber und der Betriebsrat gemeinsam feststellen, wer zu den leitenden Angestellten gehört. Außerdem ist eine eigene Gruppenvertretung für sie vorgesehen.

Falls eine Einigung nicht zustande kommt, soll die Einigungsstelle angerufen werden können.

Mit diesem Konzept biete die Opposition bei genauer Betrachtung weniger an als die Koalitionsfraktionen.

Von Seiten der Union der leitenden Angestellten werden gegen dieses Konzept sogar verfassungsrechtliche Bedenken vorgetragen. Ich darf aus einer Stellungnahme (Der Betriebsberater, Sonderdruck aus Heft 25/71, Seiten 1106—1110) zitieren: „Diese Vorschrift (gemeint ist die Anrufung der Einigungsstelle) ist verfassungsrechtlich nicht haltbar. Der Begriff des leitenden Angestellten ist ein Rechtsbegriff. Über Rechtsbegriffe entscheide grundsätzlich nicht eine Einigungsstelle, sondern die rechtsprechende Gewalt."

Im übrigen wird in dem gleichen Artikel auch der Versuch der CDU kritisiert, eine Abgrenzung des Kreises der leitenden

Angestellten nach oben, d. h. im Verhältnis zum Top-Management vorzunehmen. Nach Auffassung der Betroffenen ist auch dieser Versuch als mißglückt zu bezeichnen.

Betrachtet man das CDU-Konzept alles in allem, so wird der Vorschlag der Koalitionsfraktionen, obwohl es sich um einen Kompromiß handelt, den Anliegen der leitenden Angestellten in einer besseren Weise gerecht. Er erfüllt zwar nicht alle ihre Wünsche, aber die Wege, auf denen sie erreicht werden könne, bleiben ihnen in jeder Weise offen.

4. Stellungnahme der SPD

Bundestagsrede von Wilhelm Nölling zu den Sprecherausschüssen[1]

(Auszug)

Sprecherausschüsse

...

1. Eine Konkurrenz zwischen selbständigen Vertretungsorganen könnte insgesamt zu einer Schwächung der Arbeitnehmervertretung führen. Nicht zu Unrecht hat im Dezember 1970 die Zeitschrift „Junge Wirtschaft" zu diesem Problem festgestellt: „Ein zweiter Betriebsrat wäre ein Unding."

2. Die leitenden Angestellten können kein Interesse daran haben, daß ihre Vertretungen in den Geruch gelber Gewerkschaften oder, hierauf bezogen, gelber Betriebsräte kommen, wir wir sie aus früheren Zeiten kennen.

3. Das berechtigte Anliegen der Gruppe der leitenden Angestellten würde dadurch entwertet, daß ein Verteidigungsorgan geschaffen wird, das ein Organ minderen Rechts ist und praktisch nichts zu sagen hat. Der Kollege Dr. Böhme hat gefragt, warum wir nicht bereit seien, die gleichen Rechte zu gewähren, die die Betriebsräte seit 20 Jahren haben. Diese Frage muß ich

[1] Protokoll der 150. Sitzung der 6. Legislaturperiode des Deutschen Bundestages vom 10. November 1971.

zurückgeben: Warum weist der Gesetzentwurf der Opposition keine substantiellen Rechte für die Sprecherausschüsse der leitenden Angestellten aus? Dort, wo es konkreter werden sollte, heißt es im wesentlichen: das kann geschehen, das soll geschehen. Auch das, was Sie über die normierende Wirkung von Vereinbarungen sagten, Herr Kollege Böhme, geht letzten Endes davon aus, daß man kann, wenn beide Partner wollen. Es ist also kein Zwang vorgesehen.

Die Inkonsequenz der Opposition auf diesem Gebiet wurde besonders deutlich durch den zunächst beantragten letzten Abschnitt des § 5 Abs. 3, wo die Rede davon war, daß bei Konflikten über die Abgrenzung der leitenden Angestellten der Betriebsrat entscheiden solle, das heißt das Organ, das die leitenden Angestellten nach Ihrem Willen gar nicht bestimmen können. Der Betriebsrat sollte also darüber entscheiden, wer leitender Angestellter ist und wer nicht. Sie haben, wie wir vor etwa einer halben Stunde aus Ihrem neuen Umdruck 234 feststellen konnten, diesen Teil in Ihrem § 5 gestrichen. Ich glaube, Sie haben recht daran getan, ihn hier nicht weiter zur Debatte zu stellen, und zwar vor allem aus den Gründen, die ich genannt habe.

Wir sind auf diesem nach wie vor problematischen Feld aus guten Gründen vorsichtiger als die Opposition und müssen feststellen, daß das Problem in der Tat noch nicht so weit ausdiskutiert ist, daß man es in eine endgültige Gesetzesform gießen könnte.

Die Kernfrage, vor der wir stehen und die wir in den nächsten Jahren zweifellos beantworten müssen, lautet deshalb: Liegt es tatsächlich im wohlverstandenen Interesse der im einzelnen ja sehr heterogenen Gruppe der leitenden Angestellten, ihre Rechte in einer einheitlichen Interessenvertretung im Betrieb unter Betonung gewisser substantieller institutioneller Absicherungen gewahrt zu sehen, oder müssen wir eine Lösung suchen, die bestimmte Konstruktionen von Sprecherausschüssen denkbar erscheinen läßt, die die von mir aufgezeigten wichtigen gesellschaftspolitischen und betriebsverfassungsrechtlichen Einwände vermeidet? Das ist das Kernproblem, mit dem wir uns auch nach dieser Diskussion zu befassen haben. Wir sind der Meinung, daß beim gegenwärtigen Stand der Diskussion die Frage der betriebsverfassungsrechtlichen Verankerung der leitenden Angestellten noch nicht abschließend, das heißt noch nicht auf unabsehbar lange Zeit, in der unzulänglichen Fassung des Oppositionsentwurfs geregelt werden sollte. Deshalb können wir meines Erachtens den leitenden Angestellten zur Zeit auch keinen größeren Gefallen tun, als die Entwicklung offenzuhalten und nicht negativ zu präjudizieren, um in absehbarer Zeit zu einer besseren Regelung zu kommen.

...

5. Stellungnahme des DGB

Der Standpunkt des DGB, von Friedheim Farthmann[1]

Zu den wichtigsten Streitpunkten bei der Neugestaltung der Betriebsverfassung gehört die Frage der Interessenvertretung der sog. leitenden Angestellten. Dieses Problem, das noch vor wenigen Jahren so gut wie unbekannt war, ist urplötzlich in das Zentrum gesellschafts- und verbandspolitischer Auseinandersetzungen gerückt.

Kurz- und langfristige Gesichtspunkte

Das Tempo dieser Entwicklung hat viele überrascht. Sicherlich muß dabei berücksichtigt werden, daß einerseits die Anzahl der leitenden Angestellten infolge der technischen Entwicklung in jüngster Zeit stark zugenommen hat, und daß andererseits von den Rationalisierungs- und Konzentrationsmaßnahmen der letzten Jahre gerade diese Arbeitnehmergruppe in besonderem Maße betroffen worden ist. Darüber hinaus haben aber wohl auch taktische und verbandspolitische Gesichtspunkte eine nicht unerhebliche Rolle gespielt. Längerfristig gesehen erblicken die Gegner der Mitbestimmung in einer Sondervertretung der leitenden Angestellten anscheinend das „Trojanische Pferd“, um im Falle der Einführung einer paritätischen Mitbestimmung die

[1] Der Arbeitgeber, 1971/488 f.

Arbeitnehmerseite aufspalten zu können. Kurzfristig sollen daneben in einer Reihe von Großunternehmen Fakten geschaffen werden, um den Gesetzgeber noch bis zum Erlaß des neuen Betriebsverfassungsgesetzes in einer bestimmten Richtung zu beeinflussen. Das letztere wird besonders deutlich, wenn man sich die spektakulären Ereignisse der letzten Monate in der Ruhrkohle AG vor Augen führt. Nachdem es im deutschen Bergbau 25 Jahre lang lediglich den Betriebsrat als einzige Interessenvertretung der Beschäftigten gegeben hat, hatte der „Verband der Führungskräfte" im Augenblick der schwersten Krise des Unternehmens offenbar nichts Wichtigeres zu tun, als dem Vorstand der Ruhrkohle AG die Einrichtung sog. Gesprächskreise für die leitenden Angestellten abzupressen.

Umdenkungsprozeß

Abgesehen von diesen hektischen Bemühungen, die der Sache wenig dienen, gebührt dem Gesamtproblem allergrößte Aufmerksamkeit. Es hat seine Ursache offensichtlich in einem Umdenkungsprozeß, der viele der leitenden Angestellten ergriffen hat. Während die Angehörigen dieser Arbeitnehmergruppe in früheren Zeiten eine ausschließlich individualrechtliche Gestaltung ihres Arbeitsverhältnisses bevorzugten, erstreben sie heute in zunehmendem Maße Formen des kollektiven Schutzes. Das zeigt sich vor allem in dem weit verbreiteten Wunsch, in die generellen tarifvertraglich bedingten Gehaltserhöhungen einbezogen zu werden.

Entweder — oder

Es ist deshalb nicht verwunderlich, daß diese Tendenz auch im Bereich der betrieblichen Interessenvertretung spürbar wird. Hier stellt sich allerdings die sehr prinzipielle Frage, ob die leitenden Angestellten eine eigene kollektive Sondervertretung (Sprecherausschüsse) erhalten, oder ob sie im Rahmen der kollektiven Gesamtvertretung der Belegschaft (Betriebsrat) berücksichtigt werden sollen. Die Bedeutung dieses Problems für die künftige Entwicklung unserer sozialen Selbstverwaltung kann gar nicht hoch genug eingeschätzt werden. Daher ist es notwendig, diese Frage frei von Vorurteilen und Ideologien ausschließlich nach Zweckmäßigkeitsgesichtspunkten zu entscheiden. Dabei sprechen m. E. insbesondere zwei wichtige Gesichtspunkte gegen eine Sondervertretung der leitenden Angestellten.

Betriebsrat mit Vertretungsmonopol

Unsere Betriebsverfassung basiert auf zwei Grundprinzipien: dem Vertretungsmonopol der Betriebsräte und dem egalitären Charakter jeder Belegschaftsvertretung. Das hat neuerdings der bekannte Arbeitsrechtler *Professor Mayer-Maly*, der weit von dem Verdacht entfernt ist, Parteigänger der Gewerkschaften zu sein, noch einmal nachdrücklich unterstrichen. Dabei hat er mit Recht darauf hingewiesen, daß eine schlagkräftige Belegschaftsvertretung nur durch ein einheitliches Organ möglich ist, und daß eine Konkurrenzierung der Interessenwahrnehmung notwendig zu deren Abschwächung führt. Deshalb kennt unser Betriebsverfassungsgesetz keine Aufsplitterung der Belegschaftsvertretung — weder nach Berufssparten noch nach weltanschaulichen oder politischen Gesichtspunkten. Es hat vielmehr den Betriebsrat mit einem Vertretungsmonopol ausgestattet und ihm aufgegeben, die Belegschaft als Ganzes zu repräsentieren.

Kalkül als Fehlspekulation

Dabei wird selbstverständlich vorausgesetzt, daß es in einer Belegschaft natürlich auch Sonderinteressen bestimmter Arbeitnehmergruppen gibt. Das Gesetz erwartet aber, daß die verschiedenen Interessenrichtungen in einem integrierenden Willensbildungsprozeß zusammengefaßt und zum Tragen gebracht werden. Die Errichtung einer Sondervertretung für die leitenden Angestellten wäre die erste Durchbrechung dieses Prinzips. Sie könnte für die Zukunft auch in bezug auf andere Arbeitnehmergruppen unabsehbare Folgen haben. Dabei muß bedacht werden, daß nach allen Erfahrungen im In- und Ausland das Vorhandensein konkurrierender Gruppen nur zur Verschärfung der Auseinandersetzungen führt — sei es, weil sich die verschiedenen Repräsentanten wechselseitig auf die Errungenschaften des anderen berufen, sei es, weil sich die Konkurrenten gegenseitig mit ihren Forderungen zu übertreffen suchen. Das taktische Kalkül mancher Vertreter der Arbeitgeberseite, die Interessenvertretung der leitenden Angestellten gegen den Betriebsrat ausspielen zu können, kann sich deshalb sehr bald als Fehlspekulation erweisen, zumal wenn die politischen Strukturen in der heutigen Jugend in die Arbeitnehmerschaft von morgen durchwachsen sollten.

Vorteil für den Betriebsrat

Die leitenden Angestellten sind in der Regel besonders qualifiziert und verfügen über eine umfassendere Kenntnis des betrieblichen Geschehens. Aus diesem Grunde besteht im Interesse aller Beteiligten, namentlich auch der Arbeitgeberseite, ein dringendes Bedürfnis, daß die Repräsentanten gerade dieser Arbeitnehmergruppe in die Willensbildung der Belegschaftsvertretung mit einbezogen werden. Dadurch können dem Betriebsrat zusätzliche Einsichten vermittelt werden, und er wird davor bewahrt, eine unrealistische Politik zu betreiben.

Kein Hinderungsgrund

In diesem Zusammenhang wird gelegentlich geltend gemacht, die leitenden Angestellten seien durch ihre Führungsaufgaben daran gehindert, mit denjenigen eine gemeinsame Interessenwahrnehmung zu praktizieren, die in erster Linie die Adressaten der Führungsmaßnahmen seien. Ein solcher Einwand überzeugt jedoch nicht. Wie das Leben täglich und vielfältig auf allen Ebenen erweist, schließt die Möglichkeit eines partiellen Interessengegensatzes die Wahrnehmung übergreifender gemeinsamer Interessen keineswegs aus. Im übrigen müßte ein solches Argument beispielsweise für Meister und Vorarbeiter ebenso gelten, die häufig viel intensiver Leitungsfunktionen im betrieblichen Alltag ausüben als sog. leitende Angestellte in Forschungs- und Stabsabteilungen.

Effektivität gewährleisten

Wenn nach alledem davon auszugehen ist, daß eine rationale und fortschrittliche Betrachtungsweise deutlich für eine einheitliche Interessenvertretung der gesamten Belegschaft spricht, so ist doch eine Überlegung nicht von der Hand zu weisen: Im Hinblick auf die soziologische Struktur der meisten unserer Belegschaften einerseits und die relativ kleine Anzahl der leitenden Angestellten andererseits wird es dieser Gruppe in der Praxis vielleicht vorläufig noch schwer fallen, bei der Wahl zum Betriebsrat eigene Vertreter durchzubringen. Deshalb würde ich es persönlich für möglich halten, durch eine entsprechende gesetzliche Regelung die Effektivität der Interessenvertretung für die leitenden Angestellten zu gewährleisten. Dies könnte entweder dadurch erreicht werden, daß der Betriebsrat entsprechend dem DAG-Vorschlag einen besonderen Ausschuß für diese Arbeitnehmergruppe zu bilden hat, oder dadurch, daß den leitenden Angestellten eine eigene Minderheitsgruppe im Betriebsrat zugestanden wird — unter Umständen sogar mit einer gewissen Teilzuständigkeit in den spezifischen Fragen dieser Gruppe. Eine solche Lösung würde den Wünschen der leitenden Angestellten nach einer wirksamen Interessenvertretung am meisten gerecht werden und zugleich die einheitliche Interessenvertretung für die Belegschaft erhalten.

6. Gesetzesvorschlag der Bundesvereinigung Deutscher Arbeitgeberverbände vom April 1970[1]

(Auszug)

...

§ 110. Sprecherausschüsse

(1) In Betrieben mit in der Regel mindestens 20 wahlberechtigten leitenden Angestellten (§ 5 Abs. 2 Nr. 3 BetrVG) können diese in freier, geheimer und unmittelbarer Wahl aus ihrer Mitte Sprecher wählen, und zwar in Betrieben mit

20 bis 100 leitenden Angestellten bis zu 3 Sprecher,
101 bis 300 leitenden Angestellten bis zu 5 Sprecher,
über 300 leitenden Angestellten bis zu 7 Sprecher.

Werden mehrere Sprecher gewählt, so bilden sie einen Sprecherausschuß.

(2) Besteht ein Unternehmen aus mehreren Betrieben, so können die Vorsitzenden der Sprecherausschüsse einen Unternehmensausschuß bilden. Der Unternehmensausschuß soll höchstens 7 Mitglieder haben. Sind mehr als 7 Sprecherausschüsse vorhanden, so bestimmen die Vorsitzenden die Mitglieder des Unternehmensausschusses aus ihrer Mitte. Der Unternehmens-

[1] Synopse zum BetrVG, Bonn, 1972.

ausschuß vertritt auch die Interessen der leitenden Angestellten solcher Betriebe des Unternehmens, in denen keine Sprecher gewählt werden können.

(3) Bestehen in einem Unternehmen mit mehreren Betrieben und in der Regel mindestens 30 wahlberechtigten leitenden Angestellten in keinem oder nur in einem Betrieb die Voraussetzungen für die Wahl von Sprechern, so können die wahlberechtigten leitenden Angestellten des Unternehmens einen gemeinsamen Sprecherausschuß wählen. Abs. 1 gilt entsprechend.

(4) Der Vorsitzende des Sprecherausschusses kann die wahlberechtigten leitenden Angestellten eines Betriebes im Einvernehmen mit dem Arbeitgeber zu Versammlungen einberufen. Der Arbeitgeber ist unter Mitteilung der Tagesordnung einzuladen. Er ist berechtigt, in der Versammlung zu sprechen. Die Versammlungen dienen der gegenseitigen Information und Aussprache über Angelegenheiten des Betriebes oder des Unternehmens. Sie können dem Sprecherausschuß Empfehlungen geben.

§ 111. Wahlvorschriften, Geschäftsführung, Schutzbestimmungen

(1) Wahlberechtigt und wählbar sind alle leitenden Angestellten mit Ausnahme derjenigen, die aufgrund generellen Auftrags des Arbeitgebers Gesprächspartner der Vertretung der leitenden Angestellten sind.

(2) Die drei dienstältesten dazu bereiten leitenden Angestellten treffen die Wahlvorbereitungen und leiten die Wahl. Die wahlberechtigten leitenden Angestellten können Wahlvorschläge machen. Jeder Wahlvorschlag muß mindestens von fünf wahlberechtigten leitenden Angestellten unterzeichnet sein.

(3) Die Amtszeit der Sprecher beträgt 2 Jahre. Sie beginnt mit der Bekanntgabe des Wahlergebnisses durch die Wahlleiter. Die Sprecherausschüsse und der Unternehmensausschuß können sich Geschäftsordnungen geben. Ihre Sitzungen sind im Einvernehmen mit dem Arbeitgeber festzulegen.

(4) Die Sprecher führen ihr Amt unentgeltlich als Ehrenamt. Sie dürfen wegen ihrer Tätigkeit nicht benachteiligt oder begünstigt werden. Der Arbeitgeber hat den Sprechern die Durchführung der notwendigen Aufgaben ihres Amtes während der Arbeitszeit zu ermöglichen. Die durch die Tätigkeit der Spre-

cher entstehenden Kosten trägt der Arbeitgeber. Er hat die erforderlichen sachlichen Mittel zur Verfügung zu stellen.

§ 112. Aufgaben

(1) Arbeitgeber und Sprecher arbeiten im Rahmen der für die Dienstverhältnisse der leitenden Angestellten geltenden besonderen Treue- und Fürsorgepflichten vertrauensvoll zum Wohl des Unternehmens zusammen. Sie können Angelegenheiten des Betriebs oder des Uternehmens betreffen, die die Belange der leitenden Angestellten betreffen, zur Erörterung stellen. Auch Angelegenheiten einzelner leitender Angesteller können erörtert werden, wenn der Betroffene es beantragt. Für die Gestaltung der Dienstverhältnisse der leitenden Angestellten können Arbeitgeber und Sprecherausschüsse Richtlinien vereinbaren. Die Richtlinien haben für die Dienstverhältnisse der leitenden Angestellten unmittelbare Wirkung, wenn das in der Vereinbarung ausdrücklich bestimmt ist.

(2) Vor jeder ordentlichen Kündigung eines wahlberechtigten leitenden Angestellten ist der Sprecherausschuß oder dessen Beauftragter zu hören.

(3) Der Arbeitgeber hat die Sprecher regelmäßig über die wirtschaftliche Lage und Entwicklung des Betriebs und des Unternehmens zu unterrichten.

. . .

7. Stellungnahmen der Union leitender Angestellter

a) Gesetzesentwurf über die Rechtsstellung der leitenden Angestellten in der betrieblichen Ordnung vom März 1968[1]

(Auszug)

. . .

B: Gruppenvertretung der leitenden Angestellten

Abschnitt 1: Organe

§ 4. Sprecher, Sprecherausschuß

I. In Betrieben mit mindestens zehn leitenden Angestellten wählen diese aus ihren Reihen in allgemeiner, unmittelbarer,

[1] DLA, September 1969.

freier, gleicher und geheimer Wahl einen oder mehrere Sprecher. Leitende Angestellte, die sich in der Probezeit oder in gekündigtem Arbeitsverhältnis befinden, sind nicht wählbar.

II. Mehrere Sprecher bilden den Sprecherausschuß der leitenden Angestellten (SpA), der stets mit ungerader Zahl aus mindestens drei (in Betrieben mit regelmäßig 21—100 leitenden Angestellten) und höchstens sieben Sprechern (in Betrieben mit regelmäßig über 300 leitenden Angestellten) besteht.

III. Die Amtszeit eines Sprechers beträgt 2 (zwei) Jahre und beginnt 14 Tage nach der Feststellung des Wahlergebnisses. Ist zu diesem Zeitpunkt der alte Sprecherausschuß noch im Amt, so beginnt die Amtszeit des neuen Sprechers im Anschluß.

IV. Bei Verhinderung oder Ausscheiden eines Sprechers tritt ein Ersatzmann ein. Ersatzmann ist der nächste nichtgewählte Bewerber mit der höchsten Stimmenzahl. Bei Listenwahl ist Ersatzmann der nächste nichtgewählte Bewerber aus der Liste des ausscheidenden Mitgliedes des Sprecherausschusses.

V. Die Sprecher führen ihr Amt unentgeltlich als Ehrenamt. Aus ihrer Tätigkeit dürfen ihnen keine Nachteile erwachsen.

VI. Der Sprecherausschuß faßt seine Beschlüsse mit einfacher Mehrheit.

VII. Der Sprecherausschuß beschließt für seine und die Geschäftsordnung der Vollversammlung eine Geschäftsordnung. Die Geschäftsordnung muß schriftlich niedergelegt werden und zu folgenden Angelegenheiten Bestimmungen enthalten:

Einberufung, Beschlußfähigkeit, Vorsitz, Stellvertretung im Vorsitz, allgemeine Geschäftsführung, Beschlußsammlung, Niederschrift, Unterrichtung der leitenden Angestellten, Einladung und Teilnahme des Arbeitgebers. Die Geschäftsordnung darf für Anträge in der Vollversammlung der leitenden Angestellten eine Mindestunterstützung vorsehen.

§ 5. Vollversammlung der leitenden Angestellten

I. Die Vollversammlung der leitenden Angestellten eines Betriebes tritt mindestens zweimal im Jahr zusammen.

II. Der Vorsitzende des Sprecherausschusses beruft durch Versendung einer Tagesordnung die Vollversammlung der leitenden Angestellten eine Woche vorher ein, leitet sie und sorgt für eine ordnungsgemäße Durchführung.

III. Der Vorsitzende des Sprecherausschusses ist auf Antrag von einem Viertel oder mindestens 100 der leitenden Angestellten verpflichtet, eine Vollversammlung der leitenden Angestellten einzuberufen und den beantragten Beratungsgegenstand auf die Tagesordnung zu setzen.

IV. Besteht kein Sprecherausschuß, so kann jeder leitende Angestellte die Vollversammlung zur Verabschiedung einer Wahlordnung und zur Wahl des Sprecherausschusses einberufen.

§ 6. Unternehmensausschuß

I. Besteht ein Unternehmen aus mehreren Betrieben, so kann ein Unternehmensausschuß der leitenden Angestellten (UnA) gebildet werden, in den die Sprecherausschüsse der Betriebe ihren Vorsitzenden entsenden.

II. Besteht der nach Absatz I gebildete Unternehmensausschuß aus einer geraden Zahl von Sprechern, so entsendet der Sprecherausschuß des Betriebes mit den meisten leitenden Angestellten einen weiteren Sprecher.

Abschnitt 2: Aufgaben und Befugnisse der Organe

§ 7. Aufgaben und Befugnisse des Sprecherausschusses

I. Es ist Aufgabe des Sprecherausschusses, das Wohl des Betriebes und die Erhaltung des Arbeitsfriedens zu fördern, in Angelegenheiten, die den Betrieb oder die Belegschaft als Ganzes betreffen, mit anderen betrieblichen Vereinigungen zusammenzuarbeiten und auf einen angemessenen Ausgleich widerstrebender Interessen hinzuwirken.

II. Der Sprecherausschuß hat die wirtschaftlichen, sozialen und personellen Belange der leitenden Angestellten gegenüber dem Arbeitgeber zu vertreten.

III. Der Sprecherausschuß hat zur Erfüllung seiner Aufgaben Initiativ- und Mitwirkungsrechte gegenüber dem Arbeitgeber.

IV. Der Sprecherausschuß hat sich regelmäßig über die wirtschaftliche Lage des Betriebes und des Unternehmens eingehend unterrichten zu lassen.

V. Beschwerden der leitenden Angestellten können an den Sprecherausschuß gerichtet werden. Der Sprecherausschuß bemüht sich, Auseinandersetzungen der leitenden Angestellten untereinander zu schlichten. Bei Auseinandersetzungen leitender Angestellter mit Arbeitnehmern ist in Zusammenarbeit mit dem Arbeitgeber und dem Betriebsrat eine Einigung anzustreben. In personellen Angelegenheiten einzelner leitender Angestellter wird der Sprecherausschuß nur auf Antrag des betroffenen leitenden Angestellten oder des Arbeitgebers tätig.

VI. Gesamtvereinbarungen für die leitenden Angestellten schließen der Arbeitgeber und der Sprecherausschuß.

§ 8. Aufgaben und Befugnisse der Vollversammlung

I. Die Vollversammlung der leitenden Angestellten wählt die Sprecher. Die Wahl ist regelmäßig 1 Monat vor Ablauf der Amtszeit des bestehenden Sprecherausschusses durchzuführen. Die Abwahl eines Sprechers ist mit $^4/_5$ Mehrheit der anwesenden leitenden Angestellten zulässig, wenn der Antrag mit der Tagesordnung jedem leitenden Angestellten zugestellt worden ist. Der Antrag muß von einem Viertel oder mindestens 100 der leitenden Angestellten eingebracht worden sein.

II. Jeder Vollversammlung der leitenden Angestellten ist ein Tätigkeitsbericht des Sprecherausschusses vorzulegen oder vorzutragen.

III. Die Vollversammlung der leitenden Angestellten kann dem Sprecherausschuß Anträge unterbreiten und zu seinen Beschlüssen Stellung nehmen; sie darf nur Angelegenheiten behandeln, die das Unternehmen, den Betrieb oder seine leitenden Angestellten berühren.

IV. Die Vollversammlung der leitenden Angestellten kann mit Stimmenmehrheit der anwesenden leitenden Angestellten dem Sprecherausschuß Empfehlungen geben.

V. Die Vollversammlungen der leitenden Angestellten können während der Arbeitszeit stattfinden.

§ 9. Bestimmungen zur Wahl der Sprecher durch die Vollversammlung

I. Zur ordnungsgemäßen Durchführung der Wahl der Sprecher beschließt die Vollversammlung der leitenden Angestellten eine Wahlordnung, die schriftlich festzulegen ist und zu folgenden Angelegenheiten Bestimmungen enthalten muß:

Wahlvorstand, Wahlvorschläge, Wahlgrundsätze, Wahldurchführung und -überwachung, Entscheidung bei Stimmengleichheit, Verfahren und Frist der Wahlprüfung, Frist zur Wahlanfechtung.

Die Wahlordnung kann jederzeit mit der Wirkung für die übernächste Wahl geändert werden.

II. Mindestens drei Wahlberechtigte können die Wahl beim Arbeitsgericht anfechten, wenn gegen wesentliche Vorschriften über das Wahlrecht, die Wählbarkeit oder das Wahlverfahren verstoßen worden ist und eine Berichtigung nicht erfolgt ist, es sei denn, daß durch den Verstoß das Wahlergebnis nicht geändert oder beeinflußt werden konnte.

III. Ein Bewerber für das Amt des Sprechers darf im Rahmen der Wahl keine Ämter bekleiden.

IV. Das Ergebnis der Wahlprüfung muß in einem Beschluß bestehen, der mindestens das Ergebnis der Wahl feststellt. Der Beschluß ist dem Arbeitgeber mitzuteilen.

V. In Betrieben bis zu 100 leitenden Angestellten kann, in Betrieben mit mehr als 100 leitenden Angestellten muß in der Wahlordnung schriftliche Stimmabgabe für die abwesenden leitenden Angestellten zugelassen werden. Diese schriftlich abgegebenen Stimmen sind nur dann gültig, wenn sie bei Beginn der Wahl in der Vollversammlung dem Vorsitzenden des Sprecherausschusses eingereicht sind oder werden.

VI. Die Wahl kann insgesamt als Briefwahl durchgeführt werden. Das Ergebnis ist auf einer Vollversammlung festzustellen und bekanntzugeben.

§ 10. Aufgaben und Befugnisse des Unternehmensausschusses

I. Der Unternehmensausschuß ist nur für die Behandlung von Angelegenheiten im Sinne von § 7 zuständig, die das Gesamtunternehmen oder mehrere Betriebe betreffen.

II. Der Unternehmensausschuß faßt seine Beschlüsse mit einfacher Mehrheit seiner Mitglieder. Einstimmig gefaßte Beschlüsse des Unternehmensausschusses binden die Sprecherausschüsse der Betriebe.

III. Der Unternehmensausschuß gibt sich eine Geschäftsordnung. § 4 Abs. VII gilt entsprechend.

Abschnitt 3: Schutzbestimmungen

§ 11. Vertraulichkeit, Verschwiegenheit und Anfechtungsrecht

1. Sprecher oder ihre Ersatzmänner sind verpflichtet, über vertrauliche Angaben oder Betriebs- und Geschäftsgeheimnisse, die ihnen wegen ihrer Zugehörigkeit zum Sprecherausschuß oder Unternehmensausschuß bekannt geworden und vom Arbeitgeber ausdrücklich als geheimzuhalten bezeichnet worden sind, Stillschweigen auch nach dem Ausscheiden aus dem Amt des Sprechers zu wahren. Diese Schweigepflicht gilt nicht gegenüber Mitgliedern des Sprecherausschusses oder des Unternehmensausschusses.

II. Absatz I gilt sinngemäß für die Tätigkeit leitender Angestellter als Mitglieder der Einigungsstelle.

III. Jeder leitende Angestellte kann beim Arbeitsgericht beantragen, einen Beschluß des Sprecherausschusses wegen wesentlicher Verletzung der Pflichten aus § 7 I für unwirksam zu erklären. Auf ein Verschulden ist dabei nicht abzustellen. Die Frist für diesen Antrag beträgt zwei Wochen nach Kenntnis, spästens ein Jahr nach der Beschlußfassung.

§ 12. Nichtöffentlichkeit und Ausnahmen für Verbandsvertreter

I. Die Vollversammlung und die Sitzungen des Sprecherausschusses und Unternehmensausschusses sind nicht öffentlich.

II. Die Vollversammlung, der Sprecherausschuß oder der Unternehmensausschuß können Vertreter solcher Vereinigungen zur Beratung zuziehen, die die Voraussetzungen des § 3 III erfüllen. Der Arbeitgeber ist zu unterrichten.

...

b) Die Union der leitenden Angestellten und ihre Verbände Stellung zur Sondervertretung[1] vom April 1973

(Auszug)

...

Interessenvertretung

Rund 37 000 leitende Angestellte sind gegenwärtig in den Mitgliedsverbänden der ULA organisiert. Diese 37 000 leitenden Angestellten bezahlen mit ihren Mitgliedsbeiträgen die Arbeit der ULA. Wenn auch die ULA in erster Linie bei ihrer Arbeit an diese 37 000 leitenden Angestellten denkt, so lassen sich die meisten Aktivitäten ihrem Charakter und ihren Auswirkungen nach nicht auf die reine Vertretung der verbandsangehörigen leitenden Angestellten beschränken.

Im Rahmen der Politik zählen Zahlen, und da würde es den Interessen der leitenden Angestellten durchaus gut tun, wenn die ULA sich auf mehr als 37 000 leitende Angestellte stützen könnte.

Dennoch wird die ULA bei Fragen der leitenden Angestellten als diejenige Organisation angesehen, die repräsentativ für diesen Personenkreis ist und dessen wirkliche Interessen vertritt. Die ULA wird also auch als Sprecherin der nicht verbandsangehörigen leitenden Angestellten gewertet, nicht etwa DGB oder DAG, die vorgeben, 100 000 leitende Angestellte (DGB) bzw. 50 000 leitende Angestellte (DAG) zu ihren Mitgliedern zu zählen. Beide Organisationen bleiben den Beweis für diese Zahlen schuldig. Der DGB „schätzt“ als leitende Angestellte 10 % seiner Angestelltenmitglieder, die DAG will die Zahl aus

[1] Nicht veröffentlicht.

5 000 ausgezählten Mitgliedern hochgerechnet haben. Fest steht aber, daß auch DGB und DAG behaupten, ein Mandat zur Vertretung der leitenden Angestellten zu haben. Die Forderungen nach paritätischer Funktionärs-Mitbestimmung, nach undifferenzierter Einbeziehung der leitenden Angestellten in den Betriebsrat, nach nivellierenden Sockelbeträgen und geringeren Zuwachsraten bei den Einkommensanpassungen, nach diskriminierender Behandlung im Steuerrecht und nach Abschaffung betrieblicher Altersversorgung zugunsten der gesetzlichen Rentenversicherung, um nur einige Punkte zu nennen, werden von den Gewerkschaften auch oder gerade im Namen von leitenden Angestellten gestellt! Der Ansatz von systemverändernden Reformen wird auch im Namen von leitenden Angestellten gestellt! Wir sind davon unterrichtet, daß leitende Angestellte anders darüber denken, daß sie etwas anderes wünschen. Wir sind aus besserer Einsicht genötigt, den Gewerkschaften und einigen politischen Instanzen in entscheidenden gesellschaftspolitischen Fragen entgegenzutreten. Jeder leitende Angestellte, der uns durch seine Mitgliedschaft unterstützt, erleichtert diese Interessenvertretung und nützt sich selber am meisten. Wir wollen uns mit den leitenden Angestellten freuen, die glauben keine Sorgen zu haben. Bleiben wird das nur so, wenn auch diese zufriedenen leitenden Angestellten sich politisch denkend rechtzeitig um eine Sicherung dieses Zustandes bemühen. Dazu nützt den leitenden Angestellten eine Mitgliedschaft in ULA-Verbänden. Eine Feuerversicherung gibt's nicht mehr, wenn das Haus brennt, gegen Krankheit muß ich mich als Gesunder sichern. An Ihnen liegt es, die Aktionsmöglichkeit und Interessenvertretung der ULA für die leitenden Angestellten zu stärken. An Ihnen liegt es mitzuhelfen, daß sich für den leitenden Angestellten schädliche Tendenzen nicht durchsetzen.

Der leitende Angestellte wird auf Dauer davon Nutzen haben, daß er in einer Gemeinschaft Gleichgesinnter und Gleichgetroffener steht, einem Kreis seinesgleichen. Probleme, die für den „Einzelkämpfer" nicht lösbar sind, können in starker Gemeinschaft einer Lösung zugeführt werden. Eine starke Gemeinschaft wird ernst genommen, als Einzelkämpfer wird man leicht unter Wert geschlagen. Die ULA ist fair und ficht für eine gerechte Sache. Sollten Sie das nicht unterstützen, im eigenen Interesse?

...

8. Bericht des Bundestagsausschusses für Arbeits- und Sozialordnung über den Regierungsentwurf und den CDU/CSU-Fraktionsentwurf zum Thema des Betriebsverfassungsgesetzes vom 22. Oktober 1970[1]

Der Vorschlag der Fraktion der CDU/CSU vorzusehen, daß die Feststellung, wer nach den gesetzlichen Begriffsbestimmungen leitender Angestellter sei, gemeinsam vom Arbeitgeber und Betriebsrat zu treffen sei mit der Möglichkeit, bei Meinungsverschiedenheiten die Einigungsstelle anzurufen, wurde von der Ausschußmehrheit abgelehnt. Bei der Feststellung, wer als leitender Angestellter im Sinne dieses Gesetzes angesehen werden müsse, handele es sich ausschließlich um eine Rechtsfrage, deren Entscheidung allein dem Arbeitsgericht obliegen müsse.

Der Entwurf der CDU/CSU-Fraktion sah für die leitenden Angestellten einen betrieblichen Sprecherausschuß und in Unternehmen mit mehreren Betrieben einen Gesamtsprecherausschuß vor. Diese Sprecherausschüsse sollten die besonderen Belange der leitenden Angestellten wahrnehmen und hatten zu diesem Zweck im einzelnen umschriebene Unterrichtungs- und Erörterungsrechte. Außerdem sollten sie die Befugnis haben, kollektive Vereinbarungen über die Arbeitsverhältnisse der leitenden Angestellten mit dem Arbeitgeber zu treffen. Zur Koordination mit dem Betriebsrat war die Möglichkeit der gegenseitigen Teilnahme der jeweiligen Vorsitzenden und gemeinsamer vierteljährlicher Sitzungen des Sprecherausschusses und des Betriebsrates vorgesehen.

Die Mehrheit des Ausschusses lehnte diesen Vorschlag ab. Nach ihrer Auffassung kann zur Zeit die betriebssoziologische

1 „Zur Sache": Betriebsverfassungsgesetz, Bonn 1972, S. 202 f.

Stellung der leitenden Angestellten noch nicht abschließend beurteilt werden. Insbesondere erscheint es der Ausschußmehrheit noch ungewiß, ob unter Berücksichtigung sowohl der Interessen der leitenden Angestellten als auch der übrigen Arbeitnehmer des Betriebes die Errichtung einer Sondervertretung für leitende Angestellte oder vielmehr die Integration in den Betriebsrat — ggf. unter Gewährung gewisser Sonderrechte — die sachgerechtere Lösung darstelle. Daher hielt es die Mehrheit des Ausschusses für verfehlt, die etwa noch offenen Fragen durch die gesetzliche Institutionalisierung von Sprecherausschüssen der leitenden Angestellten im gegenwärtigen Zeitpunkt zu präjudizieren.

9. Rechtsprechung

a) Entscheidung des Arbeitsgerichts München vom 8. Juni 1972[1]

(Auszug)

...

Die Nichtanwendbarkeit des BetrVG 1972 auf die Arbeitnehmergruppe der leitenden Angestellten stellt sie außerhalb des persönlichen Geltungsbereichs dieses Gesetzes in einen betriebsverfassungsrechtlich freien Raum innerhalb des Betriebes. Diese sich aus dem Gesetz ergebenden Tatsache hat nicht nur den aktiven und passiven Ausschluß der leitenden Angestellten vom betriebsverfassungsrechtlichen Geschehen innerhalb des Betriebes zur Folge, soweit nicht ausdrücklich etwas anderes bestimmt ist; sie begrenzt in gleicher Weise die sachlichen Kompetenzen der durch das BetrVG 1972 gewährleisteten Belegschaftsrechte und Institutionen, also auch des Betriebsrates, auf den der gesetzlichen Betriebsverfassung unterliegenden Bereich. Mag in diesem ein Vertretungsmonopol des Betriebsrats bestehen — das Vertretungsrecht des Betriebsrates reicht keinesfalls in den betriebsverfassungsfreien Raum hinein —, wie umgekehrt Personen aus diesem betriebsverfassungsfreien Sektor

[1] DLA 1972, Heft 7, S. 14.

keinerlei eigene Konsequenzen in *dem* betrieblichen Bereich haben, der der Betriebsverfassung unterworfen ist." ...

1. Die Existenz des Sprecherausschusses der leitenden Angestellten eines Betriebes liegt *außerhalb der Grenzen* des Betriebsverfassungsgesetzes. Damit ist im vorliegenden Verfahren keiner der Fälle des BetrVG im Sinne von § 2 Abs. I Nr. 4 Arbeitsgerichtsgesetz gegeben, so daß die Existenz des Sprecherausschusses der leitenden Angestellten eines Betriebes rechtlich auch nicht im Wege des Beschlußverfahrens angefochtet werden kann.

2. Es bleibt — unter Beachtung der den Arbeitgeber bindenden *Fürsorgepflicht* gegenüber seinen leitenden Angestellten — grundsätzlich dem eigenen pflichtgemäßen Ermessen des Arbeitgebers überlassen, inwieweit er sein in diesem betrieblichen Bereich bestehendes Direktionsrecht Beschränkungen unterwirft (beispielsweise hier durch laufende Zusammenarbeit mit den von den leitenden Mitarbeitern seines Unternehmens gewählten Sprecherausschüssen).

3. Es kann den beteiligten Mitgliedern des Sprecherausschusses der Firma AGFA Gevaert AG, Camera Werk München die *Bestätigung als Sprecher* im Rahmen des Sprecherausschusses für leitende Angestellte nicht in einem Beschlußverfahren untersagt werden.

...

b) Entscheidung des Landesarbeitsgerichts München vom 29. Mai 1973[1]

Zulässigkeit der Bildung von Sprecherausschüssen für leitende Angestellte

Sachverhalt:

Der Betriebsrat hält die Wahl eines Sprecherausschusses für leitende Angestellte, in der die Beteiligten zu 1—3 gewählt wurden, bei der Arbeitgeberin (Beteiligte zu 4) für unzulässig. Sein auf diese Auffassung gestützter Antrag wurde vom Ar-

[1] BB 1973/1115 f.

beitsgericht als unzulässig verworfen, auf seine Beschwerde hat das Landesarbeitsgericht ihn als unbegründet zurückgewiesen.

Aus den Gründen:

„Der Antrag ist zulässig.

Gemäß § 8 Abs. 1 ArbGG findet in den Fällen des § 2 Abs. 1 Nr. 4 ArbGG, von hier nicht-interessierenden Ausnahmen abgesehen, für Angelegenheiten aus dem Betriebsverfassungsgesetz das Beschlußverfahren statt. Das Arbeitsgericht hält das vorliegende Verfahren nicht für eine Angelegenheit aus dem Betriebsverfassungsgesetz. Dabei wird außer Betracht gelassen, daß der Antragsteller einen betriebsverfassungsrechtlich erheblichen Sachverhalt vorgetragen und zur Entscheidung gestellt hat, wenn er sich gegen Maßnahmen im Betrieb wehrt, mit denen eine Schwächung seiner Funktion und Stellung verbunden sein kann (vgl. BAG, 24. 5. 1965, SAE 1966 S. 20)[1]. Ob dies zutrifft, ist eine materiell-rechtliche Frage. Sie kann nicht schon im Rahmen der Zulässigkeit des Verfahrens geprüft und entschieden werden.

Der Antragsteller macht geltend, der aus der Wahl hervorgegangene Sprecherausschuß für leitende Angestellte sei aus folgenden Gründen unwirksam:

Erstens sei die Bildung von Sprecherausschüssen überhaupt unzulässig, zweitens halte er die Wahl deshalb für unwirksam, weil die Personen, denen man bei dieser Gelegenheit das aktive und passive Wahlrecht zuerkannt habe, weder nach dem BetrVG 1952 noch nach dem von 1972 leitende Angestellte seien.

Der Auffassung des Antragstellers kann in keinem der beiden Punkte beigepflichtet werden.

Zum ersten ist die Bildung von Sprecherausschüssen für leitende Angestellte weder unter der Geltungsdauer des BetrVG 1952 ausgeschlossen gewesen noch nach dem BetrVG 1972 unzulässig.

Der Antragsteller wendet sich in der Begründung seiner mit der Beschwerde verfolgten Anträge in erster Linie gegen die

[1] BB 1965 S. 1068.

Zulässigkeit von Sprecherausschüssen nach dem zur Zeit geltenden Recht. Er geht dabei unzutreffend davon aus, daß sich aus der Konzeption des Gesetzes, insbesondere aus §§ 75, 76, 80, 105 und 107, sowie schließlich aus § 114 Abs. 6 Satz 2, ein Vertretungsmonopol des Betriebsrats ergebe, das auch die leitenden Angestellten miteinbeziehe. Zunächst besagt § 5 Abs. 3, daß das Gesetz auf die leitenden Angestellten im Sinne dieser Bestimmung nur Anwendung findet, wenn dies ‚ausdrücklich' bestimmt ist. Es kann daher vom Antragsteller in diesem Zusammenhang allenfalls §§ 105, 107, 114 Abs. 6 Satz 2 angeführt werden, weil in den übrigen Bestimmungen die leitenden Angestellten nicht ausdrücklich einbezogen sind und daher diese Bestimmungen auf leitende Angestellte überhaupt nicht angewendet werden können (s. Borgwardt und Steffens, RdA 1973 S. 71, 73). Was § 114 Abs. 6 S. 2 angeht, so hält die Beteiligte zu 4) dem Antragsteller zutreffend entgegen, daß es sich um eine Sondervorschrift handelt, deren Regelung offensichtlich mit den besonderen Disziplinarverhältnissen auf Seeschiffen zusammenhängt, und aus der für ein allgemeines Vertretungsmonopol des Betriebsrats nichts hergeleitet werden kann. Aber auch die §§ 105 und 107 rechtfertigen nicht die Auffassung des Antragstellers. § 105 dient offensichtlich nur der Befriedigung des Informationsbedürfnisses. Und ebenso wenig werden die Interessen der leitenden Angestellten seitens des Betriebsrats dadurch vertreten, daß gemäß § 107 sowohl vom Arbeitgeber als auch vom Betriebsrat leitende Angestellte — als besonders sachkundige Personen — zu Mitgliedern des Wirtschaftsausschusses bestimmt werden können. Damit scheidet auch die vom Antragsteller angeführte Möglichkeit einer Überschneidung der dem Betriebsrat gesetzten Aufgaben mit den dem Sprecherausschuß übertragenen aus.

Gleichzeitig wird damit ein anderes Argument des Antragstellers entkräftet, das er gegen die Zulässigkeit von Sprecherausschüssen ins Feld führt. Der Antragsteller glaubt aus § 3 folgern zu können, daß der Gesetzgeber mit dem Betriebsverfassungsgesetz zunächst die Vertretung der Arbeitnehmerschaft abschließend geregelt und nur als Ausnahmen die in § 3 Abs. 1

Nr. 2 erwähnten Sonderregelungen vorgesehen habe, zu denen Sprecherausschüsse für leitende Angestellte nicht zählen. Diese, von Falkenberg (DB 1972 S. 774/775) geteilte Auffassung läßt unberücksichtigt, daß § 3 Abs. 1 Nr. 2 Sonderregelungen nur für Arbeitnehmer im Sinne des Gesetzes (§ 5 Abs. 1) anspricht.

Das Gesetz enthält überhaupt keine ausdrückliche Regelung, aus der unmittelbar oder auch nur mittelbar eine klare Stellungnahme des Gesetzgebers zur Frage der Zulässigkeit von Sprecherausschüssen entnommen werden könnte. Diese Lücke ist vom Gesetzgeber gewollt. Dies erhellt eindeutig aus der Entstehungsgeschichte des BetrVG 1972, hinsichtlich deren Darstellung im einzelnen auf Boldt (Zur Abgrenzung der leitenden Angestellten, ULA Schriftenreihe Nr. 5 S. 11/12 und S. 40/41) verwiesen wird. Nach dem erkennbaren Willen des Gesetzgebers wurde für die leitenden Angestellten ein gesetzesfreier Raum belassen, welcher durch die Bildung von freiwilligen Sprecherausschüssen ausgefüllt werden sollte (s. Rüthers, BB 1972 S. 1105/1108).

Hieraus folgt, daß das BetrVG 1972 keineswegs, wie der Antragsteller denkt, von einer strengen Polarität zwischen Arbeitgeber- und Unternehmerseite einerseits und der Belegschaft andererseits ausgeht, sondern daß dem Personenkreis der leitenden Angestellten mit seiner Doppelstellung bewußt Rechnung getragen wurde (s. Borgwardt u. Steffens, a. a. O., S. 75 li. Sp. unten).

Des weiteren kann der Entstehungsgeschichte des BetrVG 1972 unschwer entnommen werden, daß die Auffassung des Antragstellers, um Sprecherausschüsse bilden zu können, bedürfe es einer ausdrücklichen Rechtsgrundlage im Gesetz, mit dem in den Beratungen evident gewordenen Absichten nicht im Einklang steht. Zutreffend verweisen die Beteiligten darauf, daß es den leitenden Angestellten nach alledem unbenommen bleibt, gestützt auf die vom GG garantierte Koalitions- und Handlungsfreiheit (Art. 9 Abs. 1, 3 Satz 1, Art. 2 Abs. 1 GG) sowie auf den bürgerlich-rechtlichen Grundsatz der Vertragsfreiheit (§ 305 BGB), Sprecherausschüsse zu bilden.

Wenn aber schon das BetrVG 1972 die Bildung von Sprecherausschüssen zuläßt, so muß die Zulässigkeit erst recht für die Geltungsdauer des BetrVG 1952 bejaht werden. Denn im BetrVG 1952 waren die leitenden Angestellten sogar noch zu ‚Nichtarbeitnehmern' erklärt und damit aus dem Regelungskreis der betrieblichen Ordnung sichtlich herausgenommen. Schon damals hatte der Gesetzgeber eine sog. gewollte Lücke entstehen lassen (s. Borgwardt/Steffens, a. a. O., S. 72).

Angesichts dieser Lücke einerseits und der verfassungsrechtlichen Garantieen sowie bürgerlich-rechtlichen Möglichkeiten andererseits kann der Handlungsspielraum der leitenden Angestellten nicht durch Richterrecht verengt werden (s. Borgwardt/Steffens, a. a. O.).

Im Schrifttum wird die Zulässigkeit von Sprecherausschüssen bejaht von Boldt (a. a. O., S. 40 f.), Erdmann/Jürging/Kammann (§ 3 Randnr. 13, § 5 Randnr. 18), Borgwardt und Steffens (a. a. O.) und Rüthers (a. a. O.), abgelehnt von Gnade/Kehrmann/Schneider (Betriebsverfassungsgesetz, Kommentar für die Praxis 1972, § 5 Randnr. 8) und Falkenberg (a. a. O.).

Wie hier haben — soweit ersichtlich — bisher die Arbeitsgerichte Frankfurt (v. 16. 11. 1972 — BV 2/72), Köln (v. 25. 2. 1973 — DB 1973 S. 724) und Verden (v. 17. 1. 1973 — BV Ga 1/73 — mit der Begründung des ArbG München) entschieden.

Allerdings ist die Wirksamkeit eines Sprecherausschusses durch das BetrVG insoweit beschränkt, als er keine Funktion nach dem BetrVG 1972 haben kann, nicht in die Befugnisse der Betriebsvertretung eingreifen und keine der unter der BetrVG fallende Arbeitnehmer erfassen darf (s. Fitting/Auffarth/Kaiser, 10. Aufl., Anm. 22 zu § 5 BetrVG). Verstöße hiergegen machen jedoch nicht den Sprecherausschuß unzulässig, sondern werden vom Betriebsrat im konkreten Einzelfall — notfalls mit Hilfe eines Beschlußverfahrens — bekämpft werden müssen.

Die im gegebenen Fall vorliegende ‚Regelung für eine Vertretung der leitenden Angestellten', die vor der Wahl zwischen Vertretern der leitenden Angestellten und der Unternehmensleitung getroffen worden ist, enthält Aufgaben, Befugnisse und Pflichten der Ausschüsse, die sich ausschließlich auf das Verhältnis der leitenden Angestellten zur Unternehmensleitung erstrecken. Rechte und Funktionen des BetrVG werden weder geändert noch eingeschränkt. Auch die Rechte und Pflichten des Arbeitgebers gegenüber dem Betriebsrat werden nicht berührt.

Dem Sprecherausschuß liegt auch keine Wahl zugrunde, die unwirksam wäre, mit der Folge, daß der Sprecherausschuß rechtlich nicht existierte.

Der Antragsteller nimmt zu Unrecht an, die Wahl sei unwirksam gewesen, weil das aktive und passive Wahlrecht solchen Mitarbeitern eingeräumt worden sei, denen die Eigenschaft als leitende Angestellte fehlte. Da die Wahl noch unter der Geltung des BetrVG 1952 durchgeführt wurde, ist darauf abzuheben, wer damals als leitender Angestellter in betriebsverfassungsrechtlicher Hinsicht gegolten hat. Ob auch Personen, die nicht leitende Anegstellte im Sinne von § 4 Abs. 2 c BetrVG 1952 waren, mitwählten, kann dahinstehen. In diesem Fall wäre nicht etwa die Nichtigkeit der Wahl zum Sprecherausschuß anzunehmen. Als Kriterium für die Wirksamkeit der Wahl und die Folgen von Verstößen müßten die seitens der Rechtsprechung gestecken Grenzen zwischen Nichtigkeit und bloßer Anfechtbarkeit der Betriebsratswahlen herangezogen werden (vgl. BAG, 24. 1. 1964, AP Nr. 6 zu § 3 BetrVG). Danach ist bei Verkennung der Arbeitnehmereigenschaft nicht Nichtigkeit anzunehmen, sondern nur Anfechtbarkeit. Über die Anfechtbarkeit enthält die Wahlordnung, die mit der ‚Regelung' zwischen Unternehmensleitung und den Vertretern der leitenden Angestellten geschaffen wurde, in § 21 nähere Vorschriften. Nach diesen ist eine Wahl innerhalb von 14 Tagen nach Bekanntmachung des Ergebnisses anzufechten. Eine solche Anfechtung ist nicht erfolgt.

Die Wahl ist auch nicht etwa deshalb unwirksam, weil etwa auf seiten der Gewählten ledglich Personen gestanden hätten, die nicht unter den Begriff des leitenden Angestellten fielen, wie ihn § 4 Abs. 2 c BetrVG 1952 vorausgesetzt hat. Nichtigkeit der Wahl könnte allenfalls dann angenommen werden, wenn keiner der gewählten Mitglieder des Sprecherausschusses die Voraussetzungen des § 4 Abs. 2 c BetrVG 1952 erfüllt hätte; andernfalls wäre wiederum lediglich Anfechtbarkeit der Wahl anzunehmen, was jedoch, weil eine Anfechtung nicht erklärt wurde, auf die Entscheidung dieses Verfahrens keine Auswirkung hätte."

Das Gericht führt sodann aus, daß mindestens zwei der gewählten drei Mitglieder des Sprecherausschusses als leitende Angestellte sowohl nach dem BetrVG 1952 als auch nach § 5 Abs. 3 BetrVG 1972 anzusehen sind.

„Dabei wird im Gegensatz zu der vom Antragsteller vertretenen Auffassung davon ausgegangen, daß ausschlaggebendes Kriterium für den Begriff des leitenden Angestellten im Sinne von § 5 Abs. 3 BetrVG 1972 nicht die Eigenschaft eines Kontrahenten gegenüber dem Betriebsrat ist; eine solche Einengung des Begriffes kennt das Gesetz nicht."

(**Landesarbeitsgericht Bayern,** Beschluß vom 29. 3. 1973 — 3 Ta BV 54/72; Rechtsbeschwerde zugelassen)

10. Literatur

a) Bernd Rüthers: Rechtsprobleme betrieblicher Sondervertretungen für leitende Angestellte[1]

(Auszug)

. . .

C. Die Notwendigkeit einer betriebsratsunabhängigen Interessenvertretung der leitenden Angestellten

I. Das kollektive Spannungsverhältnis zwischen leitenden Angestellten und Arbeitgebern

Die rein funktional bestimmte Einordnung der leitenden Angestellten auf der Arbeitgeberseite ist einseitig, wenn sie die Abhägngigkeiten des Personenkreises übersieht, die schon der Begriff „Angestellter" anzeigt. Dieser Vorwurf kann indessen der Gesetzgebung nicht gemacht werden. Da sie den ULA-Vorschlag[40] verwarf, der die leitenden Angestellten als „Nicht-

[1] BB 1972/1105 f. (1107—1110).

[40] Abgedruckt in „Der leitende Angestellte", Sonderheft 2, 1970.

arbeitnehmer" bezeichnete und den Personenkreis — insoweit Gewerkschaftsforderungen entsprechend[41] — sachgerecht als „Arbeitnehmer" definierte, anerkannte sie zugleich die Schutzbedürftigkeit und das kollektive Repräsentationsbedürfnis dieser Angestellten als abhängige Arbeitnehmer. Diese eindeutige Einordnung der leitenden Angestellten als „Arbeitnehmer" enthält die Anerkennung eines Spannungsfeldes gegenläufiger kollektiv geprägter Interessen, das wegen der besonderen Stellung und Funktion der leitenden Angestellten nicht in dem Grundverhältnis Arbeitgeber/Arbeitnehmer (Betriebsrat) aufgeht.

II. Das besondere Schutzbedürfnis

Dem traditionellen Arbeitsrecht galten die leitenden Angestellten als wenig schutzbedürftig[42]. Diese Ansicht beruhte auf der verbreiteten Fehlvorstellung, sozial-schutzbedürftig sei nur der wirtschaftlich Schwache. Noch das Kündigungsschutzgesetz von 1951 nahm in § 12 lit. c leitende Angestellte aus dem Schutzbereich des Gesetzes aus, soweit sie zur selbständigen Einstellung oder Entlassung von Arbeitnehmern berechtigt waren. Bei der Neufassung des Gesetzes vom 25. 8. 1969[43] sind auch die leitenden Angestellten in den allgemeinen Kündigungsschutz einbezogen worden (§ 14 KSchG). Auch sie können also die soziale Rechtfertigung einer Kündigung ihres Arbeitsverhältnisses gerichtlich nachprüfen lassen.

Damit hat die Gesetzgebung die soziale Ausgesetztheit der leitenden Angestellten in der betrieblichen Hierarchie erkannt. Aber arbeitsrechtlicher Schutz wird den leitenden Angestellten in wichtigen Bereichen immer noch versagt. . . .

Allerdings gilt das nach den Definitionen in §§ 14 Abs. 2 und 17 Abs. 3 Ziff. 3 KSchG nur für leitende Angestellte in Linienfunktionen.

Eine besondere Problematik bringt die sachliche und persönliche Nähe der leitenden Angestellten zur Unternehmensspitze

[41] Vgl. Fußnote 38.

[42] Vgl. etwa Hueck, BB 1954 S. 536 ff. (537); noch Pakebusch, BB 1964 S. 42 ff. (44) mit weiteren Nachweisen.

[43] BGBl. I S. 317.

mit sich. *In vielen Fällen hängen Erfolg und Anerkennung ihrer Leistungen nicht ausschließlich von objektiven Bewertungsmaßstäben, sondern vom Fortbestand unwägbarer „Vertrauensverhältnisse" zu den Personen des Vorstandes oder der Geschäftsführung ab.* Diese Abhängigkeit der leitenden Angestellten von den oft labilen persönlichen Beziehungen zu ihren Vorgesetzten wächst mit ihrem Aufstieg im Unternehmen. Je höher sie rangieren, um so weniger können sie auf den „Besitzstand" der ihnen übertragenen Aufgaben vertrauen. Das Ende einer Karriere, die Verurteilung zur betrieblichen Bedeutungslosigkeit können nicht selten in der Zuweisung eines äußerlich scheinbar gleichwertigen Aufgabenbereiches liegen. Immer hatte der leitende Angestellte nur die Möglichkeit, sich zu fügen oder von sich aus zu kündigen. Widerstand eines einzelnen leitenden Angestellten ist wenig aussichtsreich. Ein siegreicher Rechtsstreit würde in diesem Unternehmen das Ende seiner Karriere bedeuten. Eine rechtlich institutionalisierte betriebliche Gruppensolidarität gab es bisher so gut wie nicht.

Die Personalpolitik moderner Großbetriebe hat die Arbeitsbedingungen der leitenden Angestellten in verschiedenen Gruppen („Rängen", „Kreisen") typisiert. „Einzelverträge" im Sinne absolut individueller Gestaltung sind mit einer rationellen Organisation des Personalwesens in Großunternehmen unvereinbar. In solchen Unternehmen sind daher — ähnlich den Allgemeinen Geschäftsbedingungen des Zivilrechts — kollektive Arbeitsbedingungen für die leitenden Angestellten der verschiedenen Gruppen und Kreise festgelegt worden. Sie lassen in gewissen „Bandbreiten" ebenfalls typisierte Abstufungen zu, bilden aber den festen Rahmen, in den sich alle Verträge leitender Angestellter des jeweiligen „Ranges" einzufügen haben.

Diese kollektive Vertragsgestaltung für die leitenden Angestellten wird mit der einzelvertraglichen Einheitsregelung durchgesetzt. Bei Änderungen der Einheitsregelung spricht der Arbeitgeber Änderungskündigungen aus. Der einzelne Angestellte steht dabei dem Unternehmen isoliert gegenüber. *Seine Verhandlungsposition ist schwach, wenn die Arbeitsmarktlage, das Alter oder der hohe Rang des Betroffenen einen Wechsel des Arbeitsplatzes erschweren*[44]. Außerdem muß der leitende Angestellte damit rechnen, daß ihn das Gerücht, er sei im Streit geschieden, in seiner Branche beruflich erledigen kann.

In Krisenlagen kann es dazu führen, daß der soziale Status der leitenden Angestellten einschneidend gemindert wird. Die leitenden Angestellten sind als einzelne regelmäßig wehrlos. Das rapide Ansteigen der Fluktuationsquote der leitenden Angestellten in solchen Unternehmen deutet auf einen Rest ungelöster Härtefälle hin.

Alle diese Faktoren haben dazu geführt, daß in jüngerer Zeit das eigentümliche Schutzbedürfnis der leitenden Angestellten erkannt und anerkannt worden ist[45]. Wenn das bisher eher zögernd geschehen ist, so wird man die Ursachen dafür vor allem in der Isolation und dem bisher schwachen Gruppenbewußtsein und Organisationsgrad der leitenden Angestellten zu suchen haben. Es fehlte im allgemeinen Bewußtsein des Arbeitslebens und des Arbeitsrechts die Vorstellung von der besonderen Schutzbedürftigkeit der leitenden Angestellten. *Dabei kann in individuellen Druck- und Abhängigkeitssituationen das Schutzbedürfnis der leitenden Angestellten größer sein als das der übrigen Arbeitnehmer.*

Die leitenden Angestellten selbst haben bisher meist solche Konfliktsituationen nicht als gruppenspezifische Vorgänge verstanden und deklariert. Hartmann hat in einer interessanten Untersuchung auf die bescheidene Katalogisierung der sozialen Schutzprobleme der leitenden Angestellten hingewiesen und das unausgereifte Konfliktbewußtsein dieser Gruppe betont[46]. Die Eigenart und Schwäche ihrer Interessenvertretung zeige sich besonders dort, wo sie anderen Interessen entgegengesetzt werden müsse, da der Behauptungswille gerade in der Konfrontation

[44] Vgl. Apel, BB 1970 S. 1145; Müller, DB 1970 S. 1927.

[45] Etwa Trinkhaus, DB 1968 S. 1813 ff. (1814); Fitting/Auffarth, Betriebsverfassungsgesetz, 10. Aufl. 1972, § 5 Anm. 20 („... daß die leitenden Angestellten sich vielfach in einer ungünstigeren Position befinden als andere Arbeitnehmer"); ausführlich: Sturzenhecker, Der leitende Angestellte in Theorie und Praxis, Diss. Münster 1965, S. 62 ff. mit weiteren Nachweisen.

[46] Hartmann, Arbeit und Sozialpolitik, 1972, S. 91 ff. (94 ff.).

deutlich wird. Mit zahlreichen Beispielen und Belegen schildert Hartmann die Repräsentations-Defizite der leitenden Angestellten, wenn man sie mit ihren sozialen „Anrainer"-Gruppen vergleicht, insbesondere bei der Arbeitsplatzsicherung, der Einkommenssteigerung, der Alters- und Krankenversorgung, dem Urlaub, dem Kündigungsschutz und der Anerkennung von Mehrarbeit.

Die Aufforderung der Gesetzgebung an die leitenden Angestellten, den durch die Nichtregelung von Sondervertretungen gelassenen „Freiraum" auszufüllen[47], zielt auf alle Fragen der Interessenwahrung. Die leitenden Angestellten werden ihre Anliegen auch auf der betrieblichen Ebene künftig formulieren und verdeutlichen müssen, wenn sie die Konflikte nicht in der Isolation, sondern als gruppenspezifische Vorgänge verstehen und behandeln wollen. Die Beratungen über die Verankerung von Sprecherausschüssen im Betriebsverfassungsgesetz haben gezeigt, daß eine allgemeine Bereitschaft besteht, die Repräsentation schutzwürdiger Interessen der leitenden Angestellten im Betrieb als notwendig und legitim anzuerkennen.

Die Notwendigkeit einer besonderen, institutionell verfaßten betrieblichen Vertretung der leitenden Angestellten wird inzwischen durch eine weit verbreitete Praxis in den Großunternehmen bestätigt. Nach internen Berichten soll es in bestimmten bedeutenden Industriezweigen kaum noch Großunternehmen (über 30 000 Beschäftigte) geben, in denen keine Sprecherausschüsse der leitenden Angestellten gebildet seien oder vorbereitet werden. Da sowohl die Bundesvereinigung der Deutschen Arbeitgeberverbände als auch die Organisation der leitenden Angestellten diese Entwicklung bejahen, wird sie bald auch die übrigen Wirtschaftszweige erfassen.

D. Die Rechtsgrundlagen der Sondervertretungen

Das Betriebsverfassungsgesetz selbst hat mithin keine Rechtsgrundlage für deren Bildung geschaffen.

Das trifft auch für § 3 Abs. 1 Nr. 1 BetrVG zu, der den Tarifparteien gestattet, zusätzliche betriebsverfassungsrechtliche

[47] Vgl. oben B III.

Vertretungsorgane für bestimmte Beschäftigungsarten und Arbeitsbereiche tariflich zu regeln. Nach § 5 Abs. 3 ist das BetrVG auf leitende Angestellte nicht anwendbar, soweit das Gesetz nicht ausdrücklich Ausnahmen anordnet[48]. Eine solche Ausnahme ist für § 3 nicht vorgesehen. Die Vorschrift gilt nur für solche Arbeitnehmer, die unter die Repräsentationskompetenz des Betriebsrates fallen[49].

Das Betriebsverfassungsgesetz steht andererseits einer Initiative in den Betrieben und Unternehmen nicht im Wege, wenn die leitenden Angestellten und die Unternehmensleitungen über die Zweckmäßigkeit einer Errichtung einig sind. Solche Experimente auf betrieblicher Basis waren ja gerade, wie dargelegt, ein erklärtes Motiv des Aufschubs der gesetzgeberischen Entscheidung[50].

Über die Entstehungsgeschichte des Gesetzes hinaus lassen sich weitere Argumente für die Zulässigkeit betrieblicher Sondervertretungen für leitende Angestellte anführen. Das Recht der abhängigen Arbeitnehmer ist in der Bundesrepublik auf kollektive Interessenrepräsentation ausgerichtet. Verfassungsrechtlich ist das im Koalitionsrecht (Art. 9 Abs. 3 GG) und in der Sozialstaatsklausel (Art. 20 Abs. 1 GG)[51] begründet. Auch die leitenden Angestellten sind abhängige und schutzbedürftige Arbeitnehmer. Durch den Nichtregelungsentscheid der Gesetzgebung besteht für diese quantitativ und funktionell bedeutende Arbeitnehmergruppe auf der betrieblichen Ebene ein repräsentationsloser Zustand. Das ist mit der auf kollektive Interessenrepräsentation ausgerichteten Arbeitsrechtsordnung der Bundesrepublik unvereinbar.

Für die übrigen Arbeitnehmer hat das BetrVG 1972 die Sozialstaatsklausel im wichtigen Interessen- und Konflikt-

[48] Zur Frage der Kündigung Gumpert, BB 1972 S. 47 ff. (51); zur Frage der Einstellung, Beförderung, Ausbildung, Entlassung von leitenden Angestellten, Hanau, BB 1972 S. 451 ff. (452).

[49] Vgl. Boldt (Gutachten), Zur Abgrenzung der leitenden Angestellten nach § 5 Abs. 3 BetrVG 1972, Essen 1972, S. 41; Fitting/Auffarth, BetrVG, 10. Aufl., § 5 Anm. 22.

[50] Vgl. oben B III.

[51] Vgl. statt aller: Hueck/Nipperdey, Lehrbuch II 1, 7. Aufl., S. 84, 102 ff.

bereich des Betriebes konkretisiert[52]. Er hat sich dabei für ein — abgesehen von den leitenden Angestellten — lückenloses Repräsentationsmodell entschieden. Das weist den Weg für eine angemessene Lösung der gleichen Probleme im Bereich der leitenden Angestellten. Zwar ermöglicht Art. 9 Abs. 3 GG den Organisationen der leitenden Angestellten über den koalitionsmäßigen Zusammenschluß hinaus den Abschluß firmenbezogener Tarifverträge zur normativen Regelung gruppenspezifischer Interessen. Das ist jedoch — wie die Praxis zeigt — kein Ersatz für das Fehlen betrieblicher Repräsentationsorgane.

Das sozialpolitische Schicksal repräsentationsloser Gruppen in politischen und sozialen Bereichen, die nach Repräsentationsmodellen organisiert sind, ist das der Benachteiligung[53]. *Es würde daher die gruppenspezifische Chancengleichheit und das Sozialstaatsgebot verletzen, wenn man den leitenden Angestellten die Bildung eigener betrieblicher Repräsentationsorgane versagen wollte.* Die fehlende gesetzliche Konkretisierung der Sozialstaatsklausel muß hier durch die privatautonome Initiative der Betroffenen ersetzt werden. Damit ergibt sich als zusätzliche Rechtsgrundlage für die Sprecherausschüsse der Grundsatz der Vertragsfreiheit[54].

Mit dem Instrumentarium des BGB läßt sich die betriebliche Interessenvertretung der leitenden Angestellten mangels besonderer gesetzlicher Grundlage vorläufig lösen. Die gewählten Sprecher der leitenden Angestellten treten auf der Basis vereinbarter Verfahrensregelungen als Gesprächspartner des Arbeitgebers zur Vertretung gruppenspezifischer Interessen im Betrieb auf. *Die getroffenen Einigungen und Absprachen wirken rein schuldrechtlich.* Normative Wirkungen analog zu den Betriebsvereinbarungen scheiden mangels gesetz-

[52] Vgl. über den Zusammenhang der Sozialstaatsklausel mit den Kerninstituten des Arbeitsrechts Hueck/Nipperdey, Lehrbuch II 7, 7. Aufl. § 3 (S. 19 ff.); ferner schon Rüthers, Streik und Verfassung, 1960, S. 66 ff.

[53] Vgl. dazu mit vielen Belegen für die Lage der leitenden Angestellten Hartmann, Arbeit und Sozialpolitik, 3/1972, S. 91 (94 ff., 98 ff.).

[54] So auch Boldt, a. a. O., S. 41.

licher Regelungen aus. Der gewünschte Gestaltungseffekt läßt sich jedoch, wenn die Verhandlungspartner sich einig sind, über eine Änderung der bestehenden Einzelverträge im Sinne einer arbeitsvertraglichen Einheitsregelung erreichen.

Zwingende Gesetzesvorschriften stehen der vertraglichen Bildung und Betätigung von Sprecherausschüssen leitender Angestellter nicht entgegen. Insbesondere besteht kein gesetzliches „Repräsentationsmonopol“ des Betriebsrats. Die zweckgerichtete Auslegung des § 5 Abs. 3 BetrVG zeigt vielmehr, daß sich die Kompetenzen des Betriebsrates gerade nicht auf die leitenden Angestellten erstrecken. Das Gesetz wollte hier einen „Freiraum“ zur weiteren Erprobung angemessener Repräsentationsformen lassen[55].

E. Die Sprecherausschüsse in der Praxis

I. Ansätze

1. Nach einer kurzen Diskussions- und Überlegungsphase, die maßgeblich vom Ausgang des Gesetzgebungsverfahrens zum BetrVG 1972 mit der weitgehenden Stärkung individueller und kollektiver Arbeitnehmerrechte bestimmt war, hat sich in den Großunternehmen der Bundesrepublik, besonders im Metallbereich, eine positive Einstellung zur Bildung von Sprecherausschüssen der leitenden Angestellten durchgesetzt. Unternehmensleitungen und leitende Angestellte haben sich — regelmäßig bei kritischer bis ablehnender Haltung der Betriebsräte — über die Zweckmäßigkeit der Bildung von Sprecherausschüssen auf der Basis freier und geheimer Wahlen der leitenden Angestellten geeinigt.

In manchen Bereichen bildet das fehlende Gruppenbewußtsein der leitenden Angestellten auf betrieblicher Ebene ein gewisses Hemmnis. Es ist stärker ausgebildet in Unternehmen, in denen eine große Zahl von akademisch vorgebildeten Angestellten Stabsfunktionen gleichen Typs unter gleichartigen Arbeitsbedingungen wahrnimmt (Beispiel: große Chemie-Unternehmen). Die Bereiche Chemie, Stahl und Bergbau

[55] Vgl. oben B III und IV.

weisen bei den leitenden Angestellten schon traditionell einen vergleichsweise stärkeren Organisationsgrad auf[56].

2. Die Initiative zur Bildung der Sprecherausschüsse kam bisher ausnahmslos von den leitenden Angestellten. Anlaß war dazu in mehreren Unternehmen der Referentenentwurf des BMA, der diese Gruppe in den Kompetenzbereich des Betriebsrats hereinnahm. Die erste Maßnahme war daher auch der Versuch, die Gesetzgebungsorgane zu beeinflussen. Daraus entwickelte sich die Forderung nach eigenen Repräsentationsorganen der leitenden Angestellten im Betrieb.

3. Von der Arbeitgeberseite wird die Bildung von Sprecherausschüssen akzeptiert, weil man in der nach dem Erlaß des Betriebsverfassungsgesetzes in ihrem betriebsverfassungsrechtlichen Stellenwert neu „entdeckten" Gruppe der leitenden Angestellten ein bisher ungenutztes betriebspolitisches Potential für sachgerechte sozial- und unternehmenspolitische Entscheidungen sieht. Ferner können die Sprecherausschüsse dazu dienen, die Gefahr eines Informationsrückstandes der leitenden Angestellten gegenüber dem Betriebsrat und der übrigen Arbeitnehmerschaft zu verringern. Die hohe Spezialisierung und die Intensität der Identifikation mit der jeweiligen Aufgabe bringt in der Tat gerade die leitenden Angestellten in Stabsfunktionen in die Gefahr der Informationsbeschränkung („Fachidiotie").

Schließlich wird von den Unternehmensleitungen die Gefahr einer rechtlichen und sozialen Benachteiligung der leitenden Angestellten durch die Herausnahme aus den individualrechtlichen und kollektiven Sicherungen des BetrVG nicht ver-

[56] Vgl. allgemein Hartmann, Arbeit und Sozialpolitik, 3/1972, S. 93: „Die überproportionale Zunahme aller als leitend einstufbaren Beschäftigten (gemessen an der quantitativen Ausdehnung der Angestellten insgesamt) wird weniger von den Führungskräften als vielmehr von den sog. Spezialisten hervorgerufen ... wenn man die bisherigen Entwicklungen ... projiziert, kann man davon ausgehen, daß im Jahre 1980 die Zahl der Spezialisten bereits auf 75 % angewachsen sein wird" (unter Hinweis auf Friedrichs, Die Problematik der außerbetrieblichen Führungskräfte, in: Personal (Mensch und Arbeit), 8/1970, S. 226).

kannt. Die Sprecherausschüsse sollen insoweit dazu dienen, als „Früherkennungsinstrumente“ aufkommende Unzufriedenheiten und Krisenherde in der Gruppe der leitenden Angestellten auszumachen und gegenüber der Unternehmensleitung als geeignete und legitimierte Gesprächspartner dieser Gruppe zu fungieren.

Der Schwerpunkt dieser Konzeption liegt demnach in der wechselseitigen Information und Beratung. Mitbestimmungsforderungen der leitenden Angestellten sind bisher nur in Einzelfällen angemeldet und zugestanden worden[57]. Insoweit fehlt auch ein geeignetes rechtliches Instrumentarium, da die Absprachen zwischen den Sprecherausschüssen und den Geschäftsleitungen keine normative Wirkung haben können[58].

II. Orientierungslinien

1. Die Mitglieder der Sprecherausschüsse sind in freier und geheimer Wahl von dem in § 5 Abs. 3 Ziff. 3 BetrVG definierten Kreis der leitenden Angestellten zu wählen. Ausgeschlossen von dieser Wahl sind solche leitende Angestellte, die auf Grund ihrer Stellung oder eines generellen Auftrages der Unternehmensleitung die Gesprächs- und Verhandlungspartner der Sprecherausschüsse sind. Die Größe der Sprecherausschüsse ist auf die Zahl der im Betrieb oder Unternehmen beschäftigten leitenden Angestellten abzustimmen.

2. Die Sprecherausschüsse sind das Repräsentationsorgan aller im Betrieb tätigen leitenden Angestellten. Sie sind zur verbandspolitischen Neutralität verpflichtet. Die Organisationen der leitenden Angestellten haben in den Sprecherausschüssen keine Sonderrechte.

3. Die Mitgliedschaft im Sprecherausschuß ist ein unentgeltliches Ehrenamt. Die notwendigen Auslagen für die Arbeit der Ausschüsse trägt der Arbeitgeber. Er stellt die erforderlichen Sachmittel bereit.

[57] Vgl. unten II am Ende.

[58] Eine normative Wirkung solcher Vereinbarungen war vorgesehen im CDU/CSU-Entwurf (§ 103 Abs. 6) und im BDA-Entwurf (§ 112 Abs. 1) zum BetrVG.

4. Bei Unternehmen mit mehreren Betrieben (Werken, Niederlassungen) entsprechender Größe empfiehlt sich die Bildung von mehreren Sprecherausschüssen auf der Ebene von Werken oder Regionen hinreichender Größenordnung. Aus ihnen ist dann für Verhandlungen mit der Unternehmensspitze ein Gesamtsprecherausschuß zu bilden.

5. Die Amtszeit der Sprecherausschüsse sollte 3 Jahre nicht überschreiten. Sie geben sich eine Geschäftsordnung.

6. Die Sprecherausschüsse sollten in regelmäßigen Abständen, mindestens sechsmal im Jahr, mit der Geschäftsleitung zusammentreffen.

7. Der Betriebsrat hat nach dem BetrVG in Verbindung mit der Zugehörigkeit einzelner seiner Mitglieder zum Aufsichtsrat umfassende Informationen über die Lage des Unternehmens. Dieser Informationsvorsprung ist durch eine regelmäßige und umfassende Information der Sprecherausschüsse über die Lage und Entwicklung des Unternehmens auszugleichen. Die Mitglieder des Sprecherausschusses unterliegen bei ihnen gegebenen vertraulichen Information der Pflicht zur Verschwiegenheit.

8. Mindestens zweimal im Jahr sollte der Sprecherausschuß die leitenden Angestellten des Betriebes im Einvernehmen mit dem Arbeitgeber zu einer Versammlung einladen, auf der Informationen ausgetauscht und Angelegenheiten aus dem Interessenkreis der leitenden Angestellten erörtert werden können. Die Versammlungen können dem Sprecherausschuß Empfehlungen geben.

9. Die Sprecherausschüsse vertreten die Belange der leitenden Angestellten des Unternehmens. Sie können bei der Unternehmensleitung Maßnahmen beantragen, die dem Unternehmen oder den leitenden Angestellten dienen. Berechtigte Beschwerden einzelner leitender Angestellter können sie der Unternehmensleitung oder Betriebsleitung vortragen.

10. Der Betriebsrat ist das gesetzlich verankerte Repräsentationsorgan der Arbeitnehmer, die unter das Betriebsverfassungsgesetz fallen. Die Sprecherausschüsse der leitenden Angestellten haben ihren Aufgabenkreis sorgfältig gegenüber den Zuständigkeiten des Betriebsrats abzugrenzen. Jeder Eingriff in den

Kompetenzbereich des Betriebsrats wäre rechtswidrig. Sprecherausschuß, Betriebsrat und Arbeitgeber sollten eine vertrauensvolle Zusammenarbeit zum Wohl aller Arbeitnehmer und des Betriebes erstreben.

Die vorstehenden Orientierungslinien sind erste allgemeine Anhaltspunkte, die auf den Erfahrungen der praktischen Arbeit von Sprecherausschüssen in einigen Großunternehmen aus der Sicht beider Partner beruhen. Die Unternehmen, aus denen die Informationen stammen, gehören verschiedenen Wirtschaftszweigen an. Die Aufgaben der Sprecherausschüsse sind im einzelnen unterschiedlich umrissen. So gibt es z. B. Unternehmen, die über Punkt 9 hinaus den Sprecherausschüssen ein Anhörungsrecht vor jeder außerordentlichen Kündigung eines leitenden Angestellten vertraglich zugestehen. Auch „Vereinbarungen" zwischen Sprecherausschuß und Unternehmensleitung über personalpolitische Maßnahmen, welche die leitenden Angestellten betreffen, sind in manchen Unternehmen vorgesehen (vgl. oben 1.). Die Vertragsfreiheit der Partner läßt hier der Entwicklung ein weites Feld. Von der Frage, wie diese Chance genutzt werden wird, hängt die Entscheidung des Gesetzgebers ab, in welcher Gestalt die betriebliche Interessenvertretung der leitenden Angestellten gesetzlich verankert wird. Diese Entscheidung wird kommen. Was die eigenschöpferische Initiative der leitenden Angestellten und der Unternehmen versäumen sollte, werden andere politische Kräfte entscheiden, und zwar im Zweifel anders.

...

b) Franz-Jürgen Säcker: Erst die Macht, dann die Kompetenz[1] (Auszug)

...

—Tarifrechtliche Kompetenzen rangieren vor BVG—

Das Recht der betrieblichen Mitbestimmung und die Unternehmensverfassung betreffen ja nur einen Teilausschnitt aus

[1] DLA 1972, Heft 10, S. 10 f.

der kollektiv-arbeitsrechtlichen Problematik der Stellung des leitenden Angestellten: Das Betriebs- und Unternehmensverfassungsrecht rangiert rechtlich hinter dem Berufsverbands-, Tarif- und Arbeitskampfrecht. Die tarifliche Regelung hat Vorrang vor der betriebsverfassungsrechtlichen Regelung. Das ist im Betriebsverfassungsgesetz in den §§ 2 Abs. 3, 77 Abs. 3 und 87 Abs. 1 ausdrücklich gesagt[10] und ergibt sich zwingend aus dem verfassungsrechtlichen Grundrecht der Koalitionsfreiheit in Art. 9 Abs. 3 GG[11]. Soweit in der Literatur die Ansicht vertreten wird, daß zwingende Vorschriften des Betriebsverfassungsgesetzes die betriebsverfassungsrechtliche Regelungsbefugnis der Koalitionen begrenzen[12], kann dies für leitende Angestellte de lege lata nicht gelten. Denn das geltende Betriebsverfassungsgesetz räumt ihnen gerade Rechte ein, die die tarifrechtliche Regelungskompetenz in verfassungsteleologisch zulässiger Weise verdrängen könnten.

Zum besseren Verständnis darf ich diesen Gedanken näher ausführen: Im Gegensatz zu § 152 der Reichsgewerbeordnung beschränkt Art. 9 Abs. 3 GG den Aufgabenbereich der Koalitionen nicht mehr nur auf die Erlangung günstigerer *Lohn-* und *Arbeits*bedingungen, sondern erweitert ihren Aufgabenkreis auf die Wahrung und Förderung der *Arbeits-* und *Wirtschafts*bedingungen. Das Bundesverfassungsgericht hat daraus die Konsequenz gezogen, daß den Koalitionen auch die bloß mittelbare Förderung der Arbeits- und Wirtschaftsbedingungen, vor allem auch eine Einflußnahme auf den Bereich der Betriebsverfassung und Personalvertretung gewährleistet sein müsse[13]. Die Koalitionsfreiheit würde, so heißt es in der Entscheidung des Bundesverfassungsgerichts[14], ihres historisch gewordenen Sinnes beraubt, wenn nicht die Betätigung der Koalitionen auf

[10] Vgl. dazu näher Säcker, ZFA 1972, Sonderheft S. 41 ff. mit weiteren Nachweisen.

[11] Vgl. dazu näher Säcker, Grundprobleme der kollektiven Koalitionsfreiheit 1969, 58 ff. u. 75 ff.

[12] Vgl. dazu die Stellungnahme von Brecht, BetrVG 1972, § 1 Rd.-Nr. 25 ff. mit weiteren Nachweisen.

[13] Vgl. BVerfGE 19, S. 303 ff.; 28, S. 265 ff. = JZ 1970, S. 772 ff. mit Anm. von Säcker.

der Ebene der Betriebsverfassung und Personalvertretung durch Art. 9 Abs. 3 GG geschützt wäre. Entsprechend diesem Verständnis des Grundrechts der Koalitionsfreiheit erstreckt § 1 TVG die Normsetzungsbefugnis der Koalitionen auch auf den betriebsverfassungsrechtlichen Sektor. Der Gesetzgeber kann diese funktionelle Kernbereichsgarantie verbandsmäßiger Mitgestaltung der betriebsverfassungsrechtlichen Ordnung nun allerdings, wie ich an anderer Stelle dargelegt habe[15], auch dadurch ausführen, daß er ein Betriebsverfassungsgesetz bereitstellt, welches den Koalitionen unmittelbar oder mittelbar über die Betriebsvertretungen eine Mitwirkung an den für die Belegschaft relevanten betrieblichen Entscheidungen in sozialen, personellen und wirtschaftlichen Angelegenheiten ermöglicht. Eine solche Ablösung der unmittelbaren normativen betriebsverfassungsrechtlichen Regelungsbefugnis der Koalitionen, die § 1 TVG einräumt, durch eine gesetzliche Betriebsverfassung hat der Gesetzgeber aber für die leitenden Angestellten nicht vorgenommen. Er hat vielmehr ausdrücklich, wie sich aus der oben zitierten Stellungnahme des Bundestagsausschusses für Arbeit und Sozialordnung[7] ergibt, auf die Instituierung von Sprecherausschüssen in der Betriebsverfassung und die Regelung des Status der leitenden Angestellten verzichtet. Es besteht daher, wenn sich leitende Angestellte in Koalitionen zusammenschließen, die durch § 1 TVG mit Normsetzungscharakter ausgestattete Regelungsbefugnis uneingeschränkt weiter. Klarstellend sei hinzugefügt, daß der Gesetzgeber diese auch nicht einfach durch *negativen Gesetzeszwang*, wie gelegentlich im Hinblick auf § 5 Abs. 3 BetrVG behauptet worden ist[16], ausschließen kann.

Um mir eine nähere Begründung an dieser Stelle zu ersparen, darf ich schlicht auf die Innungsentscheidung des Bundesverfassungsgerichts verweisen, nach der es dem Gesetzgeber ver-

[14] BVerGE 19, 303, 319.

[15] Vgl. dazu Fußn. 11.

[16] Vgl. Apel, BB 1970 S. 1145 und im Protokoll VI/45 S. 18 und 36 des Bundestagsausschusses für Arbeits- und Sozialordnung.

wehrt ist[17], die Tariffähigkeit von Koalitionen dadurch auszuhöhlen, daß er die ihnen vom Grundgesetz zugesprochenen Aufgaben andersartigen Zusammenschlüssen zuweist oder — so darf ich ergänzen — der koalitiven Regelung einfach versperrt[18]. Das bedeutet: Wenn leitende Angestellte sich zu einer Koalition im Sinne des Art. 9 Abs. 3 GG zusammenschließen, so können sie durch tarifliche Vereinbarungen mit dem Unternehmen nicht nur Tarifverträge über die materiellen Arbeitsbedingungen abschließen — erinnert sei an den berühmten Reichstarifvertrag für die leitenden Angestellten der chemischen Industrie — und, wozu ich später noch einige Sätze sagen möchte[19], diese mit Hilfe des Arbeitskampfes durchsetzen, sie können vielmehr auch durch sog. betriebsverfassungsrechtliche Normen im Tarifvertrag Sprecherausschüsse oder sonstige Institutionen bilden, diese mit Kompetenzen ausstatten und ihnen das Recht einräumen, normativ wirkende Betriebsvereinbarungen abzuschließen[20].

Welche Anforderungen sind nun an einen Zusammenschluß zur Koalition im Sinne des Art. 9 Abs. 3 GG zu stellen? Koalition im Sinne dieser Verfassungsvorschrift ist jede rechtlich und faktisch unabhängige, diesen Status durch (potentielle) Überbetrieblichkeit sichernde, demokratisch strukturierte Vereinigung von Arbeitnehmern (oder Arbeitgebern), die sich zur Aufgabe gemacht hat, die Arbeits- und Wirtschaftsbedingungen

[17] BVerfGE 20, S. 312 ff.

[18] Vgl. dazu W. Weber, BB 1964 S. 754 ff.

[19] Siehe unten unter III.

[20] Die Inanspruchnahme der betriebsverfassungsrechtlichen Normsetzungsbefugnis gemäß § 1 TVG umfaßt aufgrund der historischen Entwicklung des deutschen Betriebsverfassungsrechts, die in § 77 Abs. 4 BetrVG ihren Abschluß gefunden hat, auch das Recht, einen Betriebsrat zu schaffen, dem das Instrumentarium der normativ wirkenden, unabdingbaren Betriebsvereinbarung zur Verfügung steht. Verfassungsrechtliche Bedenken gegen eine solche Subautonomie können meines Ermessens bei Beschränkung der Normsetzungsmacht auf den Kreis der Tarifunterworfenen nicht geltend gemacht werden. Art. 80 GG steht nicht entgegen; vgl. BVerfG NJW 1972, S. 1504, 1506.

ihrer Mitglieder zu wahren und zu fordern[21]. Umstritten ist, ob als zusätzliches (modales) Merkmal hinzukommen muß, daß die Koalition die Arbeits- und Wirtschaftsbedingungen unter anderem jedenfalls auch mittels Tarifvertragsabschlusses und notfalls mittels Arbeitskampfes zu fördern bereit ist, sofern der Einsatz dieser Mittel rechtlich möglich und tatsächlich sinnvoll ist. Mit der herrschenden Lehre halte ich diese beiden Merkmale grundsätzlich für erforderlich, um von einem Berufsverband im Sinne der Arbeitsordnung sprechen zu können[22], glaube aber, daß das Merkmal der Kampfbereitschaft angesichts der besonderen soziologischen Stellung der leitenden Angestellten nicht vorzuliegen braucht. Leitende Angestellte sind, wenn sie sich zusammenschließen, auch ohne Arbeitskampf hinreichend stark, um adäquate Arbeitsbedingungen aushandeln zu können; zum anderen rechtfertigt das *besondere* Vertrauensverhältnis, das zwischen Arbeitgeber und leitendem Angestellten besteht oder bestehen sollte, für diesen Berufsstand den freiwilligen Verzicht auf das Instrument des Arbeitskampfes. Eine historisch ausgeprägte Erfahrung, das nur arbeitskampfbereite Organisationen dem Arbeitgeber gegenüber in der Lage sind, die Interessen der in ihnen Organisierten wahrzunehmen, fehlt bislang für leitende Angestellte, so daß es den Mitgliedern der Organisation selbst überlassen bleiben muß, ob sie sich zum Instrument des Arbeitskampfes bekennen oder nicht[23].

Wollen leitende Angestellte ihren Zusammenschluß nicht als Koalition, d. h. nicht als Gewerkschaft im Sinne der zuvor genannten Merkmale gründen, so bleibt ihnen außerhalb des Systems der Koalitionsfreiheit die Möglichkeit, sich im Rahmen der allgemeinen, durch Art. 9 Abs. 1 GG gewährleisteten Vereinigungsfreiheit zusammenzuschließen und in Ausübung der

[21] Vgl. dazu näher Nipperdey-Säcker, Arbeitsrecht-Blattei, Stichwort: Berufsverbände I mit weiteren Nachweisen.

[22] Anders etwa Löwisch, ZFA 1970 S. 295 ff.

[23] Vgl. dazu die strukturell ähnlichen Erwägungen, die das Bundesverfassungsgericht (BVerfGE 18, 18 ff.) veranlaßt haben, für Haushaltsgehilfinnenverbände vom Erfordernis der Arbeitskampfbereitschaft abzusehen.

allgemeinen Vertragsfreiheit Regelungsabsprachen mit der Arbeitgeberseite zu treffen und ggf. auch Sprecherausschüsse zu bilden. Die von diesen getroffenen Absprachen haben allerdings nur schuldrechtliche Verpflichtungswirkung; sie sind nicht unabdingbar. Soweit die vom Sprecherausschuß mit dem Arbeitgeber getroffenen Absprachen Regelungen zugunsten der leitenden Angestellten enthalten, können die leitenden Angestellten gemäß § 328 BGB aus ihnen unmittelbare Rechte ableiten[24]. Soweit in ihnen Regelungen zu Lasten der leitenden Angestellten enthalten sind, ist eine unmittelbare Wirkung zum Nachteil der leitenden Angestellten nur mit Hilfe einer vertretungsrechtlichen Konstruktion möglich, sofern man nicht zu der vom geltenden Recht nicht anerkannten Figur einer (offenen) Verpflichtungsermächtigung greifen will[25]. Handelt der Sprecherausschuß ohne eine Vollmacht von seiten einzelner oder mehrerer leitender Angestellter, so hat er die Möglichkeit, für diese als „falsus procurator" (§ 177 BGB) zu handeln. Von einer evtl. Haftung gemäß § 179 BGB ist der Sprecherausschuß frei, wenn er den Arbeitgeber auf die fehlende Vertretungsmacht hinweist (§ 179 Abs. 3 Satz 1 BGB). Trifft schließlich ein Verband der leitenden Angestellten mit einem Verband der Arbeitgeberseite eine Absprache über die künftige Gestaltung der Rechtsverhältnisse der leitenden Angestellten, so kann eine solche Absprache Rechtswirkungen gemäß § 317 BGB entfalten[26]. Diese nach allgemeinen Berufsverbandsrecht bestehende Vereinbarungsbefugnis könnte der Gesetzgeber verfassungskonform nur dadurch ablösen, daß er durch gesetzliche Regelung eine Betriebsverfassung auch für leitende Angestellte schafft[27], sei es durch *gesetzliche* Errichtung von Sprecherausschüssen (pluralistisches Modell), sei es durch Integration

[24] Das entspricht früheren Erklärungsversuchen in der Tarifvertragsdogmatik der vornormativen Periode; vgl. dazu die Arbeit von Valerius, Die Parteien des Tarifvertrages, Diss. Köln 1968.

[25] Vgl. dazu Soergel-Siebert-Schultze-v. Lasauix, BGB, Bd. 1, 11. Aufl. 1967, § 185 Rdnr. 39 ff.

[26] Vgl. dazu Bötticher, Gestaltungsrecht und Unterwerfung im Privatrecht 1964, S. 22 ff., Mayer-Maly, RdA 1965, S. 361 ff.

[27] Vgl. dazu Säcker, JZ 1970, S. 776.

der leitenden Angestellten in die allgemeine Betriebsverfassung (integrationistisches Modell). Dann müßte aber für solche Angelegenheiten, die die spezifischen Interessen der leitenden Angestellten berühren, ein aus leitenden Angestellten bestehender Betriebsausschuß gebildet werden, der anstelle des Betriebsrates entscheidet, um sicherzustellen, daß die leitenden Angestellten nicht in dem Bereich ihrer ureigensten Angelegenheiten ständig majorisiert und vielleicht sogar gerade wegen korrekter Wahrnehmung der dem leitenden Angestellten gegenüber den übrigen Arbeitnehmern obliegenden Arbeitgeberfunktionen insgeheim bestraft werden (teil-integrationistisches Modell). Die SPD scheint nunmehr dieser letzten Lösung, wie man dem September-Heft des Manager-Magazins entnehmen kann, zuzuneigen[28]. Die dort von Farthmann vorgeschlagenen Lösung (prinzipielle Integration der leitenden Angestellten in die allgemeine Betriebsverfassung bei Schaffung eines Betriebsausschusses für die leitenden Angestellten) dürfte allerdings bei unveränderter Abgrenzung des Kreises der leitenden Angestellten dazu führen, daß die leitenden Angestellten sich dieser prinzipiellen Einordnung in die allgemeinen Betriebsratsmitbestimmungen durch vorrangige tarifliche Regelungen ihrer Angelegenheiten entziehen werden. Ich wage daher die Prognose zu stellen, daß eine prinzipielle Subordination der leitenden Angestellten unter die allgemeine Betriebsverfassung zu einer stärkeren Organisation der leitenden Angestellten in eigenen Verbänden und zu tariflichen Abmachungen zwischen der Arbeitgeberseite und den Zusammenschlüssen der leitenden Angestellten führen würde, die im Sinne der §§ 77 Abs. 3 und 87 Abs. 1 BetrVG Vorrang hätten vor der betrieblichen Mitbestimmung.

...

[28] Vgl. die dort im Gespräch formulierten Erklärungen des SPD-Bundestagsabgeordneten Dr. Farthmann.

c) Dirk Geitner: Zur Zulässigkeit der Gründung von Sprecherausschüssen für leitende Angestellte[1]

(Auszug)

B. Tatsächlicher Ausgangspunkt

Wie sich die Zahl der Mitglieder des Dachverbandes Union leitender Angestellter (ULA) verhältnismäßig rasch vergrößert hat[6], so nimmt auch die Gründung von Sprecherausschüssen in immer größerem Umfang in der Industrie zu[7]. Zwar haben sich die Interessenvertretungen noch nicht in allen Bereichen uneingeschränkt durchgesetzt. Das mag daran liegen, daß bei gewissen Führungskräften, insbesondere solchen, für die die höheren Sprossen der Karriere noch erreichbar erscheinen, zuweilen Vorbehalte gegen eine wie auch immer geartete gemeinsame Interessenwahrnehmung bestehen, weil in bestimmten Betrieben teilweise wohl zu Recht befürchtet wird, daß eine Mitgliedschaft in einer derartigen kollektiven Einrichtung das Vertrauensverhältnis zum Arbeitgeber beeinträchtigen könnte[8]. Ungeachtet dieser bisweilen anzutreffenden Zurückhaltung gegenüber einer Organisierung geht die Praxis jedoch von der uneingeschränkten Zulässigkeit derartiger Sprecherausschüsse aus.

C. Rechtliche Würdigung

Sofern der Frage, ob gegen die Errichtung derartiger Interessenvertretungen rechtliche Bedenken bestehen, in der Literatur bis jetzt überhaupt Beachtung geschenkt worden ist, wird teilweise von einer unkritischen bedenkenlosen Zulässigkeit aus-

[1] DB 1973/280 f. (281—283).

[6] Vgl. DLA, Heft 4, 1971.

[7] Vgl. hierzu insbesondere DLA, Heft 4, 1971, Der Akademiker in Wirtschaft und Verwaltung, Ausgabe 1972/73, S. 18; Handelsblatt v. 12. 9. 72; FAZ v. 12. 9. 72; nach Feststellung des Arbeitsringes Chemie gibt es bereits für 3/4 aller leitenden Angestellten in der chemischen Industrie betriebliche Sprecherregelungen. S. ferner Rüthers, BB, 1972, S. 1109; Handelsblatt v. 30. 11. 72.

[8] Vgl. näher Dirks, DLA 1971, Heft 5; FAZ v. 1. 12. 72.

gegangen[9], teilweise auch eine kategorische, allerdings eine nähere Begründung vermissende Unstatthaftigkeit angenommen[10].

Die Frage der rechtlichen Statthaftigkeit von Interessenvertretungen innerhalb eines verflochtenen Betriebsgefüges kann jedoch nicht befriedigend beantwortet werden, ohne bestimmte Kompetenzen des Organs als vorgegeben anzunehmen. Es soll deshalb davon ausgegangen werden, daß der Sprecherausschuß eine reine Interessenvertretung darstellt, die ausschließlich mit der Wahrnehmung der Belange der leitenden Angestellten betraut ist. Zu seinen Kompetenzen gehören also insbesondere Unterrichtungs- und Erörterungsrechte gegenüber dem Arbeitgeber, wechselseitige Teilnahme der Sprecher- bzw. Betriebsratsvorsitzenden an den jeweiligen Sitzungen und schließlich die Vereinbarungsbefugnis von Richtlinien, die für die Dienstverhältnisse von leitenden Angestellten unmittelbare Wirkung haben[11].

Rechtliche Bedenken gegen die Institutionalisierung von derartigen Interessenvertretungen bestünden dann, wenn § 5 Abs. 3 BetrVG nicht einen hinsichtlich der betriebsverfassungsrechtlichen Organisation gesetzlich nicht geregelten freien

[9] Boldt a. a. O. S. 10; Raatz a. a. O. S. 4 (Sp. 1). Vgl. schließlich Rüthers, BB 1972, S. 1105, der sich aber eingehender mit dem Problem befaßt.

[10] Vgl. Fitting-Auffarth a. a. O. § 5 Rdn. 22: „Sollte man trotz der negativen Entscheidung des Gesetzgebers die Bildung solcher Ausschüsse auf Grund freiwilliger Absprachen zwischen Arbeitgeber und leitenden Angestellten für zulässig ansehen ...“; siehe allerdings auch § 3 Rdn. 3; vgl. ferner Mayer-Maly, AfP 1972, S. 194 (198): Er bezieht sich zwar ausdrücklich nur auf die Zulässigkeit der Redaktionsbeiräte, jedoch wird auf die Parallelität der Problematik mittelbar hingewiesen. Ein derartiger ausdrücklicher Hinweis findet sich auch bei Skriver, ZRP 1972, S. 100 (101); vgl. ferner Kübler: Empfiehlt es sich, zum Schutze der Pressefreiheit gesetzliche Vorschriften über die innere Ordnung von Presseunternehmen zu erlassen, in Gutachten zum 49. DJT, 1972, D 74.

[11] Dieser Kompetenzinhalt entspricht etwa im wesentlichen den §§ 98 des Gesetzentwurfes der CDU/CSU-Fraktion, vgl. Bundestagsdrucksache VI 1806; vgl. ferner die ähnlich lautenden Entwürfe der ULA, abgedruckt in DLA 1970, Sonderheft 2 und des BDA, abgedruckt in Nachrichten für Angestellte, 1970, Sonderheft 1, S. 13.

Raum eröffnete, dessen konkrete Ausgestaltung zur Disposition von Arbeitgeber und leitenden Angestellten stünde, sondern eine negative Entscheidung zur Frage der Koalitionsfähigkeit dieser spezifischen Gruppe gefällt hätte. Bei der rechtlichen Würdigung dieses Problems ist scharf zu unterscheiden zwischen einzelbetrieblich errichteten und überbetrieblich durch Tarifvertrag begründeten Sprecherausschüssen[11a]. Schließlich ist auf den rechtlichen Wirkungskreis dieser Ausschüsse einzugehen.

I. Einzelvertraglich errichtete Ausschüsse

1. Sofern innerhalb eines Betriebes oder auch Konzernes — wie dies in der Praxis meist geschieht — ein derartiger Ausschuß gegründet wird, könnte bereits ein Verstoß gegen § 5 Abs. 3 BetrVG vorliegen. Ein Verbot durch diese Bestimmung gründet sich auf die teilweise vertretene Ansicht, durch diese Vorschrift sei eine strenge Polarität von Arbeitgeber/Unternehmerseite einerseits und Belegschaftsseite andererseits postuliert worden, die das Auftreten einer „dritten Kraft" von vornherein untersage, da damit die Ausschließlichkeit der bisherigen Belegschaftsvertretung verletzt werde. Eine derartige Wertentscheidung sei um so mehr durch § 5 Abs. 3 BVG gefällt worden, als eine Konkurrenzvertretung zumindest mittelbar in die Rechte des Betriebsrates eingreifen würde. Das BVG sei aber hinsichtlich seiner Regelung der Mitbestimmung als ein Organisationsgesetz zu verstehen; sofern nicht ausdrücklich zugelassen, sei es keiner Abänderung durch irgendwelche Vereinbarungen zugänglich, sondern habe absolut zwingenden Charakter[12]. Im übrigen verbiete das in § 75 BVG verbürgte „egalitäre Prinzip" eine betriebsverfassungsrechtliche Artikulierung von Sonderinteressen außerhalb der im Gesetz speziell vorgesehenen Möglichkeiten[13].

[11a] Diese Unterscheidung läßt insbesondere Rüthers, BB 1972, S. 1108, vermissen.

[12] Hinsichtlich des zwingenden Organisationscharakters des Betriebsverfassungsgesetzes vgl. Nikisch, Arbeitsrecht Band 2, 2. Auflage 1966, S. 352; Galperin, DB 1966, S. 620. Im Ergebnis ebenso Mayer-Maly, AfP 1969, S. 879 (881), insbesondere unter Hinweis auf das neue Betriebsverfassungsgesetz, AfP 1972, S. 194 (198); vgl. im übrigen Amtsgericht München in DLA, 1972, Heft 5 und 7.

[13] Mayer-Maly, DB 1971, S. 339; ders., AfP 1969, S. 880.

2. Gegen diese Argumente sind mehrere Einwände zu erheben:

a) Selbst wenn das neue wie das alte BetrVG ein zwingendes Organisationsgesetz darstellt, schließt dies keinesfalls aus, daß neben der gesetzlichen betriebsverfassungsrechtlichen Organisation ein Raum besteht, innerhalb dessen sich ein Gruppenbewußtsein der leitenden Angestellten frei entfalten kann, sofern bestehende Rechte nicht tangiert werden. Die Polarität von „Kapital und Arbeit" impliziert nicht notwendigerweise, daß der Betriebsrat das ausschließliche Repräsentationsorgan des Faktors „Arbeit" sein muß.

b) Im übrigen kann eine derart strenge Organisationswirkung der gesamten betriebsverfassungsrechtlichen Struktur, also eine Organisierung der Betriebe überhaupt, dem Gesetz nicht ohne weiteres entnommen werden. Es ist wohl eher davon auszugehen, daß lediglich die grundsätzlichen fundamentalen Organisationsprinzipien der Betriebsverfassung unantastbar sind, so daß die spezifische Ausgestaltung von Mitbestimmungsrechten in persönlichen und sozialen Angelegenheiten zur Disposition der Vertragsparteien steht[14]. Zumindest muß diese Qualifizierung als gelockertes jus cogens speziell für die Bildung von Sprecherausschüssen gelten, denn die Entstehungsgeschichte des Gesetzes ist ein eindeutiges Votum für die Schaffung derartiger Interessenvertretungen.

So konnte nach der Ansicht des Ausschusses zur damaligen Zeit die betriebssoziologische Stellung der leitenden Angestellten noch nicht abschließend beurteilt werden. Insbesondere erschien es der Ausschußmehrheit noch ungewiß, ob unter Berücksichtigung sowohl der Interessen der leitenden Angestellten als auch der übrigen Arbeitnehmer des Betriebes die Errichtung

[14] So im Ergebnis Biedenkopf: Grenzen der Tarifautonomie 1964, S. 295, 296, allerdings nur im Hinblick auf Änderungen durch Tarifvertrag: ders.: Sinn und Grenzen der Vereinbarungsbefugnis der Tarifvertragsparteien in DJT 1966, S. 249 f.; vgl. ferner Hueck-Nipperdey-Stahlhacke: Tarifvertragsgesetz, 4. Auflage 1964, § 1, Rdn. 74, mit weiteren Nachweisen, der sogar jede Abänderung zugunsten der Arbeitnehmer für zulässig erachtet. S. schließlich Kübler, a. a. O. D 72.

einer Sondervertretung für leitende Angestellte oder vielmehr die Integration in den Betriebsrat die sachgerechte Lösung darstelle. Daher hielt es die Mehrheit des Ausschusses für verfehlt, die etwa noch offenen Fragen durch die gesetzliche Institutionalisierung von Sprecherausschüssen der leitenden Angestellten im damaligen Zeitpunkt zu präjudizieren[15].

Auch in den Beratungen ist immer wieder zum Ausdruck gekommen, daß die Errichtung von Sprecherausschüssen zulässig, lediglich deren gesetzliche Institutionalisierung für verfrüht gehalten werde. So heißt es in der ersten Lesung des Gesetzentwurfes wörtlich:

„Wir sind der Auffassung, die Bundesregierung hat in ihrem Entwurf deutlich gemacht, daß es richtiger ist, der Gruppe der leitenden Angestellten, die klar abgegrenzt ist, ihren eigenen freien Raum zu geben, den sie dann selbst mit ihren Möglichkeiten, mit ihren Sprecherausschüssen, ausfüllen können . . . Wir hoffen mit dem Gesetz, daß die leitenden Angestellten den freien Raum, in welchem sie die Bearbeitung ihrer Interessen durch Bildung von Sprecherausschüssen ohne weiteres wahrnehmen und wahrnehmen werden, wie wir aus vielen Resonanzen zu diesem Regierungsentwurf wissen. Wir erwarten allerdings auch, daß sich die im freien Raum gegenüberstehenden leitenden Angestellten und ihre Organisation nunmehr bemühen, diesen freien Raum aktiv und initiativ auszufüllen. Wir erwarten allerdings auch, daß Arbeitgeber und Arbeitnehmer sich aufgeschlossen für solche Lösungen zeigen, wie sie jetzt im freien Raum möglich sind."[16]

Eine Auslegung des § 5 Abs. 3 BetrVG ergibt also unter Zugrundelegung der historischen Interpretationsgrundsätze,

[15] Vergleiche den schriftlichen Bericht des Ausschusses für Arbeit und Sozialordnung vom 22. Okt. 1971, Bundestagsdrucksache VI/2729.

[16] So der Abgeordnete Schmidt (FDP), Bundestagsprotokoll der 101. Sitzung der 6. Legislaturperiode vom 11. 2. 1971, S. 5831. Vgl. zu den ähnlich lautenden Äußerungen in der 2. und 3. Lesung die Bundestagsprotokolle (150. Sitzung der 6. Legislaturperiode) der Abgeordnete Böhme (CDU/CSU), S. 8612; Schmidt (FDP), S. 8615 und Mischnik (FDP), S. 8612.

denen bei neueren Gesetzen eine Vorrangstellung zukommt[17], einen gesetzesfreien nicht geregelten Raum, dessen Ausfüllung der Disposition der Parteien überlassen ist[18].

c) Auch das „egalitäre Prinzip" des § 75 BetrVG scheint mir durch die Bildung von Sprecherausschüssen nicht verletzt zu sein. Durch diese Vorschrift soll die gleichmäßige Behandlung aller im Betrieb tätigen Personen entsprechend dem arbeitsrechtlichen Gleichbehandlungsgrundsatz sichergestellt werden. Diese Vorschrift dient zu Gewährleistung der Ordnung im Betrieb, die es gebietet, wirtschaftliche und persönliche Interessen der Betriebsangehörigen unter Abwägung der Rechtspositionen anderer Personen im Rahmen der Möglichkeiten weitestgehend zu berücksichtigen. Keinesfalls kann aber aus diesem Verbot der Diskriminierung wegen der in § 75 BetrVG abschließend aufgezählten Gründe auf die Unzulässigkeit einer sachgemäßen Unterscheidung geschlossen werden[19]. Ein derartiger Schluß ist um so weniger zulässig, als das Gesetz selbst in § 5 BetrVG zwischen Arbeitnehmern und leitenden Angestellten differenziert.

d) Schließlich ist noch die Frage zu beantworten, ob der Sprecherausschuß mit der oben definierten Kompetenz eine Konkurrenzvertretung darstellt, die in gesetzlich fixierte Rechte und Pflichten des Betriebsrates eingreift. Bei der Untersuchung einer derartigen möglichen Tätigkeitskollision ist jedoch hervorzuheben, daß die Nichtanwendung des Betriebsverfassungsgesetzes auf die leitenden Angestellten gemäß § 5 BetrVG, also deren Ausschluß vom gesetzlich-betriebsverfassungsrechtlichen Geschehen innerhalb des Betriebes, zugleich die sachlichen Kompetenzen der durch das Gesetz gewährleisteten Belegschaftsorgane und -institutionen, also auch des Betriebsrates, auf den ihnen unterliegenden normativen Bereich beschränkt wird. Das Betätigungsfeld und Vertretungsmonopol des Betriebsrates reicht also nicht in den gesetzesfreien Raum

[17] Vgl. Dahm: Deutsches Recht, 1963, S. 44; BVerfG 1/127.

[18] Vgl. so im Ergebnis Raatz, a. a. O., S. 4 (1 Sp); Boldt, a. a. O., S. 10; Rüthers, BB 1972, S. 1108.

[19] Vgl. Kübler a. a. O. D 73, allerdings auf Redaktionsbeiräte bezogen.

des den leitenden Angestellten umgebenden Aktionsbereiches hinein.

Nun läßt sich eine lupenreine Abgrenzung der beiden Tätigkeitsfehler nicht vornehmen. Die Unmöglichkeit eines konturenscharfen subjektsbezogenen Tätigkeitsparameters wird insbesondere durch § 75 BetrVG dokumentiert, denn die Überwachungspflicht des Betriebsrates bezieht sich auf alle im Betrieb tätigen Personen, also auch auf die leitenden Angestellten.

Mit der Gründung eines Sprecherausschusses wird jedoch trotz dieser Vorschrift meines Erachtens kein mit dem Betriebsrat in einer Pflichtenkollision stehendes Konkurrenzorgan geschaffen. Diese Bestimmung begründet nämlich nicht eine besondere Pflicht für die Belegschaftsvertretung, sondern enthält eine ganz elementare allgemeine Beschreibung von sittlichen Verhaltensregeln, die im gesamten Rechtsleben Gültigkeit beanspruchen können und deren wesentliche Grundsätze auch beispielsweise in Artikel 3 GG ihren Niederschlag gefunden haben[20]. Die Wiederholung derartiger genereller Prinzipien kann sich allein durch die äußerliche legislative Statuierung nicht zu einem spezifischen Überwachungsrecht des Betriebsrates verdichten. Aus dieser allgemeinen Vorschrift läßt sich also keine am Subjekt ausgerichtete Pflichten- oder Kompetenzkollision herleiten.

3. Zwischenergebnis

Aus obiger Darlegung ergibt sich, daß das geltende BVG der Formierung von Interessenvertretungen auf einzelvertraglicher Basis für leitende Angestellte nicht entgegensteht, sondern einen gesetzesfreien Raum geschaffen hat, gegen dessen Ausfüllung durch die einzelbetriebliche Gründung von Sprecherausschüssen keinerlei rechtliche Einwände erhoben werden können[20a].

[20] Vgl. dazu Fitting-Auffarth a. a. O. § 75, Rdn. 7.

[20a] Angesichts dieser klaren Gesetzesaussage ist es nicht erforderlich, zusätzlich das Sozialstaatsgebot und den Grundsatz der Vertragsfreiheit zu bemühen, so aber Rüthers, BB 1972, S. 1108/9.

II. Tarifvertraglich errichtete Ausschüsse

1. Gegen die Tariffähigkeit der der UNION der leitenden Angestellten angeschlossenen Mitgliedsverbände[21] können keine ernsthaften Bedenken erhoben werden. Es handelt sich ausnahmslos um freiwillig gebildete, eine zahlenmäßig bedeutende Mitgliedergruppe umfassende, parteipolitisch neutrale, kirchlich und staatlich unabhängige und auf überbetrieblicher Grundlage organisierte Vereine[22]. Auch das Prinzip der Gegnerfreiheit ist — jedenfalls im Kernbestand — gewährleistet[23].

Die leitenden Angestellten sind — sofern eine Spezifizierung nicht vorgenommen wird — als Arbeitnehmer im allgemeinarbeitsrechtlichen Sinne einzustufen. Zwar üben sie bisweilen Arbeitgeberfunktionen aus und stehen nach ihrer gesellschaftlichen Stellung und ihrem gesamten Habitus den Arbeitgebern näher als den übrigen Arbeitnehmern, jedoch würde man den berechtigten Interessen der spezifischen Gruppe nicht gerecht, wollte man ihnen wegen dieser Mittelstellung die Organisationsfähigkeit in einer Koalition absprechen; dies um so mehr,

[21] Zu nennen sind hier der Verband angestellter Akademiker und der leitenden Angestellten der chemischen Industrie e. V. (VAA), Verband der Führungskräfte in Bergbau, Mineralindustrie und Kraftwirtschaft e. V., Verband oberer Angestellten der Eisen- und Stahlindustrie e. V., Verband der Führungskräfte der Metall- und Elektro-Industrie e. V., Vereinigung leitender Angestellten e. V. (Vela), Bund der Ingenieure in Anwendungs- und Verfahrenstechnik der deutschen Farbenfabriken — Koloristenbund, Verband deutscher Diplom-Landwirte e. V., Verband deutscher Diplom-Ingenieure e. V. und Verband genossenschaftlicher Geschäftsleiter e. V.

[22] Vgl. zur Tariffähigkeit Biedenkopf, Grenzen a. a. O., S. 148 ff.; Nipperdey, Band 2, a. a. O., § 70; Nipperdey-Säcker: Die Tariffähigkeit und die Tarifzuständigkeit in AR-Blattei, Tarifvertrag, II. A.

Zwei formale Elemente müssen zusätzlich hinzukommen: 1. Die satzungsmäßig wiedergegebene Aufgabe, Tarifverträge abzuschließen und 2. die Anerkennung des geltenden Tarifrechts.

Auf die Problematik der Arbeitskampfbereitschaft soll in diesem Rahmen auch angesichts der Entscheidung des BVerfG 18/18 ff. nicht näher eingegangen werden.

[23] Vgl. zur Gegnerfreiheit statt vieler Maunz-Dürig, Kommentar zum Grundgesetz, 2. Auflage 1971, § 9, Rdn. 91: Biedenkopf, in: Festschrift für Kronstein, Seite 87 ff.

als auf dem Feld der Gegnerfreiheit bereits vielfältig gewichtige Ausnahmen zugelassen werden[24]. Das Zusammenwirken der Sozialpartner im Arbeits- und Wirtschaftsleben kann sich nicht auf ein rein kontradiktorisches Verhältnis beschränken; es schließt insbesondere auch wechselseitige Abhängigkeiten mit ein[25]. Soweit ersichtlich, wird denn auch die Tariffähigkeit derartiger Verbände nicht bestritten[26].

2. Weniger leicht ist die Frage zu entscheiden, ob nach dem neuen BVG de lege lata tarifvertraglich die betriebsverfassungsrechtliche Institutionalisierung der Ausschüsse zulässig ist. Der rechtlichen Lösung dieses Problems stehen größere Schwierigkeiten entgegen, als sie bisher gesehen wurden[27]. Zunächst ist eine Beschränkung auf § 5 BetrVG nicht möglich, sondern es muß insbesondere § 3 BetrVG mit in die Überlegung einbezogen werden. Diese neue Bestimmung gestattet Abweichungen von den Organisationsvorschriften des Gesetzes durch eine tarifvertragliche Regelung. U. a. können

a) zusätzliche betriebsverfassungsrechtliche Vertretungen der Arbeitnehmer bestimmter Beschäftigungsarten gebildet werden, wenn dies der zweckmäßigeren Gestaltung der Zusammenarbeit des Betriebsrates mit den Arbeitnehmern des Betriebes dient, und

b) — wie übrigens bereits nach § 20 Absatz 3 BetrVG 52 — anstelle des Betriebsrates eine andere Vertretung der Arbeitnehmer für Betriebe vorgesehen werden, in denen wegen ihrer Eigenart der Errichtung eines Betriebsrates besondere Schwierigkeiten entgegenstehen.

Meines Erachtens kann angesichts dieser Vorschrift nicht mehr ohne weiteres gesagt werden, daß das Gesetz einen legislatorisch freien Raum gelassen hat, der der — jetzt tarifver-

[24] Vgl. Nikisch, Band 2 a. a. O., § 57 II; Maunz-Dürig a. a. O., Rdn. 98 zu Art. 9.

[25] Vgl. z. B. die Auflockerung des Grundsatzes der Gegnerfreiheit im Bereich der Montan-Mitbestimmung. S. ferner Nipperdey, in: Festschrift für Möhring, S. 100; Weber DVBl. 69, S. 417.

[26] Vgl. statt vieler Hueck-Nipperdey a. a. O., § 57 II.

[27] Raatz a. a. O., S. 4; Lichtenstein, zitiert in AktG 1971, S. 135 (139).

traglichen — Ausfüllung der Parteien zur Disposition steht. Zwar bezieht sich diese Bestimmung nur auf Sonderregelungen tarifvertraglicher Art für Arbeitnehmer, die vom Gesetz erfaßt werden, also gerade nicht auf die leitenden Angestellten[28]. Insofern würde ein dispositionsfähiger Bereich zur Verfügung stehen. Andererseits ist aber zu bedenken, daß mit der Beschränkung des Gesetzgebers, zustimmungsbedürftige Tarifverträge hinsichtlich der Errichtung zusätzlicher Vertretungsorgane nur zur besseren Gestaltung der Zusammenarbeit zwischen Betriebsrat und Arbeitnehmer zuzulassen, der Wille erkennbar wird, die Konstitutionalisierung von Interessenvertretungen anderer Belegschaftsmitglieder nicht zu gestatten[29]. Dieser Limitierung des § 3 BVG auf scharf umrissene enge Tatbestände könnte also eine bewußte legislatorische Entscheidung entnommen werden, eine einheitlich in den Bereichen geltende Betriebsverfassung zu erhalten und gerade nicht der tarifvertraglichen Auseinandersetzung zu überlassen[30].

3. Diese mehr vordergründige Argumentationsweise trägt jedoch zur Lösung des Problems nicht Entscheidendes bei. Mir scheint es deshalb geboten, an dieser Stelle sich auf die Legitimation der Tarifvertragsparteien zu besinnen und in diesem Rahmen die Aussage des § 3 BVG auf seine verfassungsmäßige Konformität hin zu überprüfen. Wenn nämlich eine der oben angedeuteten „formalen" Auslegungsmöglichkeiten gegen Artikel 9 Absatz 3 GG verstieße, könnte eine Interpretation unter Berücksichtigung der Grundsätze einer verfassungskonformen Auslegung zu einem eindeutigen Ergebnis führen.

a) Ausgangspunkt für eine verfassungsrechtliche Prüfung ist die Entscheidung des Grundgesetzgebers, die Koalition als Institution wie auch eine spezifische Koalitionstätigkeit im Kernbereich zu gewährleisten[31].

[28] So Boldt a. a. O., S. 10.

[29] So Mayer-Maly in AfP 1972, S. 198, wieder auf die Redaktionsbeiräte bezogen.

[30] So Buchner in AktG 1971, S. 135 (139) und Fitting-Auffarth a. a. O., Rn. 22 zu § 5, beide speziell zum Sprecherausschuß.

[31] BVerfG 4/96 (101); 17/319 (353); 18/18 (26); 19/303 (321); 20/312 (317 ff.).

Artikel 9 Absatz 3 GG garantiert also einen Koalitionszweck in Form eines Kernbereiches verbandmäßiger Gestaltung der Arbeitsbedingungen, die Mitgestaltung der betriebs- und unternehmensverfassungsrechtlichen Ordnungen[32]. Diese funktionelle Garantie des Kernbereiches bedeutet hiernach, daß die essentiellen Strukturelemente in ihrem Bestand nicht angetastet werden dürfen; der Gesetzgeber ist also gehalten, die Koalitionsgründung und -betätigung nicht derart einzuschränken, daß sie „innerlich ausgehöhlt wird, die Gelegenheit zur kraftvollen Betätigung verliert und nur noch ein Schattendasein führt"[33]. Die Tabuzone, der auch der Gesetzgeber mit seiner Organisationskompetenz unterliegt, beginnt also dort, wo die Entwicklung einer Koalition sachwidrig gehemmt oder in ihrem Kern angetastet wird[34].

b) Mißt man nun anhand dieser konkretisierten Verfassungsaussage eine etwaige legislatorische Entscheidung des BVG-Gesetzgebers, tarifvertragliche Institutionalisierungen von Sprecherausschüssen mit der Wahrnehmung der Interessen für leitende Angestellte auszuschließen, so kann folgendes festgestellt werden: Das kategorische, nicht differenzierende[35] legislatorische Verbot, eine Koalierung und Formierung der leitenden Angestellten und der damit verbundenen Zulassung einer sich im Rahmen der Gesetze bewegenden Interessenwahrnehmung für diese spezifische Personengruppe tangiert den verfassungsmäßig geschützten Kernbereich des Artikel 9 Absatz 3 GG. Hier kann es nun dahingestellt bleiben, ob man die Unantastbarkeit des funktionellen Kernbereiches verabsolutiert[36] oder die Wirksamkeit eines allgemein gesetzlichen Schrankenvorbehaltes analog Artikel 5 Absatz 2 GG anerkennt[37]. Denn selbst

[32] Vgl. statt vieler Säcker: Grundprobleme der kollektiven Koalitionsfreiheit, 1969, S. 93.
[33] Herschel, RdA 1967, S. 71 (72); ders. in Gutachten zum DJT 1966, Band 2, D 31.
[34] BVerfG 4/108 ff.; Lerche: Verfassungsrechtliche Zentralfragen des Arbeitskampfes, 1968, S. 41.
[35] Vgl. später unten V.
[36] Vgl. Säcker a. a. O., S. 94.
[37] Vgl. Lerche a. a. O., S. 36.

im letzteren Falle muß die grundrechtsbeschränkende Wirkung eines allgemeinen Gesetzes — wenn das BetrVG als ein derartiges Gesetz überhaupt angesprochen werden kann[38] — ihrerseits im Lichte der besonderen Bedeutung des getroffenen Grundrechtes gesehen werden. Zwischen Grundrecht und grundrechtsbeschränkendem Gesetz findet also eine Wechselwirkung gegenseitiger Begrenzung statt, wobei den Interessen des höherwertigen Rechtsgutes der Vorrang zusteht[39]. Auf den konkreten Fall angewandt bedeutet dies, daß dem strikten Ausschluß der koalitionsmäßigen Betätigung einer gesonderten Personengruppe innerhalb eines Betriebes keinesfalls der Vorrang vor einer im Rahmen der Gesetze gehaltenen maßvollen Formierung eingeräumt werden kann.

Die grundgesetzlich gewährleistete verbandseigene Wirkungsmacht wäre also in jedem Falle durch eine ausnahmslose Unterlassung der Gründung und Betätigung von Sprecherausschüssen verfassungswidrig tangiert. Der einfache Gesetzgeber hätte seine Normsetzungsbefugnis zur Schaffung eines Organisationsrechtes überschritten. Er hat zwar die Wahl, ob er die funktionelle Garantie verbandsmäßiger Mitgestaltung der innerbetrieblichen Ordnung durch Statuierung einer betriebsverfassungsrechtlichen Regelungsbefugnis der Koalition oder durch Schaffung eines gesetzlichen Betriebsverfassungswesens erfüllt, das der Koalition mittelbar über die Betriebsvertretungen eine Mitwirkung an den innerbetrieblichen Angelegenheiten ermöglicht[40]. Auch eine kumulative Regelung ist unbedenklich zulässig. Es ist jedoch verfassungswidrig, wenn er dieser bedeutenden Personengruppe der leitenden Angestellten sowohl eine betriebsverfassungsrechtliche Regelungsbefugnis abspricht, als auch nicht eine eigene Grundlage für die Gründung von Sprecherausschüssen schafft.

Eine derartige Auslegung des Artikel 3 BetrVG und damit auch ein in diesem Bereich als unabdingbar verstandenes Be-

[38] Das Gesetz dürfte sich nur reflexiv äußern, sich also nicht zielbewußt auf die Koalitionsfähigkeit als solche richten; vgl. BVerG 7/198 (209); Lerche a. a. O., S. 36.
[39] Vgl. BVerfG 7/208 ff.; 12/113 (114).
[40] Säcker a. a. O., S. 93.

triebsverfassungsrecht würde „den Kernbereich der Tarifautonomie in einem entscheidenden Punkt mitten in das Herz treffen, so daß das BetrVG grundgesetzwidrig wäre“[41]. Die Nichtzulassung der tarifvertraglichen Statuierung von Sprecherausschüssen widerspräche also der Verfassung.

c) Bezieht man nun das oben gefundene Ergebnis in die Interpretation mit ein, so wird man unter Beachtung der Verfassungskonformität § 3 BetrVG dahin auslegen müssen, daß durch diese Vorschrift die tarifvertragliche Institutionalisierung von Sprecherausschüssen nicht generell ausgeschlossen ist. Eine derartige Auslegung ist auch ohne weiteres möglich, denn wie oben gezeigt, ist der Wortlaut interpretationsfähig und nicht eindeutig und klar auf die Nichtzulassung derartiger Interessenvertretungen ausgerichtet. Schließlich erscheint mir dieses Ergebnis auch rechtspolitisch geboten zu sein, denn meines Erachtens ist kein vernünftiger Grund ersichtlich, warum ein Gesetz gegen freiwillige Zugeständnisse sozial eingestellter Unternehmer Schranken errichten und jegliche Fortbildung und praktische Erprobung eines, wenn auch in seiner näheren Ausgestaltung umstrittenen Mitbestimmungsrechtes, in einzelnen Wirtschaftszweigen verhindern sollte.

d) Zwischenergebnis

Auch die tarifvertragliche Institutionalisierung von Sprecherausschüssen ist unter Berücksichtigung des Grundsatzes einer verfassungskonformen Auslegung nach dem neuen BetrVG rechtlich zulässig.

D. Rechtsmacht eines einzelvertraglich errichteten Sprecherausschusses

Soweit es sich um eine einzelbetrieblich gegründete Interessenvertretung handelt, unterliegt deren Kompetenz weitgehender Beschränkung. So kann sie zweifellos nicht ein einer Betriebsvereinbarung vergleichbares normatives Recht setzen,

[41] Herschel, Gutachten zum 46. DJT 1966, Band 2 D 32; vgl. ferner Kübler a. a. O. D 78; schließlich Schwendy: Abänderbarkeit betriebsverfassungsrechtlicher Rechtsätze durch Tarifvertrag und Betriebsvereinbarung, 1969, S. 114 ff.

sondern ist lediglich in der Lage, Absprachen mit dem Arbeitgeber zu treffen, die schuldrechtliche Wirkungen entfallen[41a]. Als denkbare Zivilrechtsinstitute kommen in erster Linie der Vertrag zugunsten Dritter und eine Anwendung der Vorschriften über die Stellvertretung in Frage. Es soll in diesem Rahmen nicht näher auf die dogmatischen Bedenken dieser rechtlichen Konstruktionen hingewiesen werden[42], nur soviel sei hervorgehoben: Abschluß und Inhalt der Vereinbarungen der Sprecherausschüsse beruhen auf der freiwilligen Bereitschaft und dem guten Willen der leitenden Angestellten, sich einer derartigen schuldrechtlichen Verpflichtung und Begünstigung zu unterwerfen.

E. Rechtsmacht eines tarifvertraglich errichteten Sprecherausschusses

1. Diese Freiwilligkeit der Unterwerfung könnte jedoch durch eine tarifvertragliche Errichtung von Sprecherausschüssen entbehrlich sein. Hierfür spräche die Vorschrift § 3 Absatz 2 TVG, denn nach dieser Bestimmung gelten Rechtsnormen des Tarifvertrages über betriebliche und betriebsverfassungsrechtliche Fragen für alle Betriebe, deren Arbeitgeber tarifgebunden ist.

Mit anderen Worten würde sich der Kompetenzbereich eines Sprecherausschusses mit der oben definierten Aufgabenstellung auch auf nicht organisierte leitende Angestellte erstrecken. Offensichtlich ist die Institutionalisierung eines Sprecherausschusses eine betriebsverfassungsrechtliche Frage, so daß die mit der Errichtung einer derartigen Interessenvertretung verbundene Schaffung der Wirkungsmöglichkeit auch leitende Angestellte erfassen würde, die nicht organisiert sind. Diese Miteinbeziehung der nicht koalierten leitenden Angestellten wäre die schlichte Konsequenz der verfassungsrechtlich unbe-

[41a] Damit entfällt die unmittelbare Wirkung der Richtlinien für die Dienstverhältnisse, vgl. oben III.

[42] Da es keine Verträge zu Lasten Dritter nach geltendem Recht gibt, ist es beispielsweise höchst zweifelhaft, ob die in einer Vereinbarung enthaltenden Pflichten der leitenden Angestellten Verbindlichkeit erlangen können.

denklichen Einräumung einer Ermächtigung seitens des Gesetzgebers, den Kreis der Regelbefugnis für spezielle Fälle zu erweitern.

2. Gleichwohl können im Hinblick auf die Begründung, die tarifvertragliche Errichtung von Interessenvertretung für zulässig zu erachten, einem Sprecherausschuß nicht derartige weitreichende Kompetenzen zugesprochen und somit auf das Moment der Freiwilligkeit nicht verzichtet werden.

Wie oben dargelegt, ist die Zulässigkeit zur Schaffung von Sprecherausschüssen durch eine verfassungskonforme Auslegung ermöglicht worden. Die Prüfung der Verfassungskonformität impliziert aber notwendigerweise, daß eine mit Kompetenzen ausgestattete Interessenvertretung nur in dem Umfang geschaffen werden kann, wie es die grundgesetzliche Gewährleistung der Koalitionsfreiheit gebietet[43].

Die Schaffung von Vertretungen, der alle leitenden Angestellten ungeachtet ihrer Koalitionszugehörigkeit unterworfen sind, liegt jedoch außerhalb des Legitimationsbereiches der Tarifparteien. Die Verfassung hat ihnen eine Organisationszuständigkeit mit einer derartigen Normsetzungsbefugnis nicht zuerkannt. Wie alle Grundrechte, so unterliegt auch die tarifvertragliche Normsetzungsbefugnis einer immanenten Begrenzung. Die in Artikel 9 Absatz 3 GG enthaltene verfassungsrechtliche Garantie des Tarifvertragswesens schützt lediglich die freiwillige Vereinigung zur Wahrung und Förderung von Arbeitsbedingungen. Mit der fehlenden Freiwilligkeit ist jedoch auch der Verlust der Legitimation und damit die Regelbefugnis verbunden[44].

3. Hieraus folgt, daß nach dem Grundsatz einer verfassungskonformen Auslegung auch nur die Gründung eines Sprecherausschusses zulässig sein kann, dessen Kompetenzbereich sich lediglich auf die organisierten leitenden Angestellten erstreckt. Eine weitergehende Rechtsausweitung kann nach der hier ge-

[43] Dies schließt freilich eine Kompetenzerweiterung bei Anwendung einer anderen Auslegungsmethode nicht aus.

[44] Biedenkopf, Grenzen a. a. O., Seite 102 ff., S. 309; Nipperdey Lehrbuch II, a. a. O., S. 204; Säcker a. a. O., S. 55.

wählten Interpretationsart den Interessenvertretungen nicht zugesprochen werden. Ob der Frage des Umfanges der Regelungsbefugnis größere praktische Bedeutung zukommt, mag freilich fraglich erscheinen, denn ein Sprecherausschuß mit dem oben definierten Aufgabenbereich wird überwiegend nur Gegenstand solcher Betriebsnormen sein, die die leitenden Angestellten begünstigen. Gleichwohl sei aus grundsätzlichen Erwägungen hervorgehoben, daß auch bei der tarifvertraglichen Institutionalisierung von Sprecherausschüssen auf das Erfordernis der freiwilligen Unterwerfung der leitenden Angestellten nicht verzichtet werden kann.

F. Zusammenfassendes Ergebnis

1. Ein einzelbetrieblich errichteter Sprecherausschuß für leitende Angestellte ist nach dem neuen BetrVG unbedenklich zulässig. Eine freiwillige Unterwerfung der leitenden Angestellten ist jedoch unerläßlich. Die Kompetenzen einer derartigen Interessenvertretung entfalten keine normativen Wirkungen, sondern die Gestaltungsmöglichkeiten bewegen sich im rein schuldrechtlichen Bereich.

2. Auch eine tarifvertragliche Institutionalisierung von Sprecherausschüssen ist nach dem neuen Gesetz zulässig. Gelangt man zur Statthaftigkeit durch die Anwendung der Grundsätze einer verfassungskonformen Auslegung, so ist auch hier die freiwillige Unterwerfung der leitenden Angestellten erforderlich, da eine verfassungsrechtlich garantierte Normsetzungsbefugnis nicht die Erstreckungsmöglichkeit auf nichtorganisierte leitende Angestellte gewährleistet.

11. Nichtwissenschaftliche Stellungnahmen

a) Heinz Dirks: Kooperativ führen — Was Sprecherausschüsse sein können[1]

Sprecherausschüsse als Interessenvertretung sollten nicht alles, was leitende Angestellte erstreben. Es geht bei ihrem

[1] DLA 1971, Heft 5.

Einbau in die Betriebs- und Unternehmens-Verfassung um mehr. Es geht um ein gemeinsames Wirken von leitenden Angestellten und Unternehmensführung für das Unternehmen. Das wird nur möglich sein über eine institutionelle Mitwirkung der leitenden Angestellten an den Entscheidungsprozessen im Unternehmen, was wiederum Verzichte auf alleinige Entscheidungsmacht seitens der Unternehmensleitung voraussetzt. Fortschrittliche Unternehmer wissen das, doch weder in ihrem Lager noch in demjenigen der leitenden Angestellten ist dieses Ziel bereits überall als zeitgemäß erkannt.

Der hochentwickelte und weitgehend spezialisierte Sachverstand gibt den leitenden Angestellten eine Sonderstellung im Unternehmen, die nicht mehr in dem alten Schema „Kapital und Arbeit" gesehen werden kann. Es wird deshalb für die Zukunft die entscheidende Frage bleiben, wie die Sonderfunktion der leitenden Angestellten im Interesse des Unternehmens und der leitenden Angestellten selbst wirksam werden kann. Zur Zeit kann man sich des Eindrucks nicht erwehren, daß die Entwicklung zu einseitig unter dem Aspekt einer Interessenvertretung gesehen wird.

Veraltete Vorstellungen

Eindeutige Anstellungsverträge sind sicherlich nützlich und notwendig, um dem leitenden Angestellten die für seine Arbeit notwendige persönliche Sicherheit zu geben. Angemessene Gehälter sollten eine Selbstverständlichkeit sein und es überflüssig machen, daß der leitende Angestellte zu oft über sein Gehalt nachdenkt. Dazu wird zwangsläufig eine Transparenz der Gehaltsfindung gehören, wobei die Bewertungskriterien unter dem Leistungsaspekt einsichtig sein müssen. Auch eine ausreichende Information der leitenden Angestellten ist notwendig, die heute noch in manchen Unternehmen für diesen Kreis unzulänglicher ist als für den Beriebsrat.

Das alles sind berechtigte Ansprüche, deren Erfüllung und Verbesserung der Position (materiell und ideell) der leitenden Angestellten dienen kann. Das liegt auch im Interesse der Unternehmen, weil die Zufriedenstellung dieser Mitarbeitergruppe besonders wichtig ist.

Aber das alles trifft nur die eine Seite, nicht dagegen die echte Interpendenz, unter der das Verhältnis Unternehmen : leitende Angestellte gesehen werden sollte. Das bedeutet, daß die alten Vorstellungen gemäß der „Gehilfen-Theorie“, nach der der leitende Angestellte der persönliche Vertraute des Eigentümers ist, aufgegeben werden müssen. Dieses persönliche Verhältnis gibt es mindestens in den Großbetrieben mit dem von den Kapitaleignern eingesetzten Vorstand nicht mehr.

Mitentscheiden

Das Verhältnis zwischen Unternehmensleitung und leitenden Angestellten ist ein anderes geworden. Vorstand und leitende Angestellte sind derselben Sachaufgabe verpflichtet, wenn auch mit unterschiedlichen Entscheidungsbefugnissen. Der „Führungsgehilfe“ alten Stils wußte fast so viel wie sein Chef; darauf beruhte seine Vertrauensposition. Der heutige leitende Angestellte weiß im Speziellen und im Detail mehr als sein Vorstand, während ihm oft die Gesamtübersicht fehlt. Dieses Spezialwissen zur Verfügung zu stellen, ist seine Aufgabe. Aber daß sich dabei ein Unbehagen einstellen kann, wenn er in seinen engen Spezialbereich eingezäunt bleibt und dazu noch eine persönliche und zum Teil ungesicherte Abhängigkeit spürt, ist verständlich. Ebenso ist verständlich, daß er ohne den Einblick in das Ganze gelegentlich sein Spezialwissen überschätzt und von da aus eine nicht voll berechtigte Kritik ableitet. Das führt dann zu dem „Vergeblichkeitsbewußtsein“, im einzelnen mehr zu wissen, aber bei den Entscheidungen nicht zum Zuge zu kommen. Und das wiederum lenkt den Blick nach innen, auf die eigene Situation und insbesondere auf die materiellen Bedingungen. Aber damit tut er sich selbst nichts Gutes an, wenn er etwa die Gehaltstabelle von Friedrichs (DLA 3/71) studiert und seine eigene Position innerhalb der übermäßig weiten Gehaltsspannen ortet. Es wäre auch für ihn nützlicher, wenn er beispielsweise den Einblick darin hätte, wie sich die Lohn- und Gehaltsexplosion des letzten Jahres, die zugleich eine Kostenexplosion bedeutet, auswirkt. Sonst kommt er leicht dazu, dieses Unternehmen nicht mehr als sein Unternehmen zu betrachten, sondern sich nach einem anderen umzuschauen, obwohl er sich hier zu Hause fühlt und durchaus zur Entfaltung seiner persönlichen Möglichkeiten kommt.

Diese Situation ist nun nicht mehr mit Beschwörungen und dem Appell an Vertrauen und Loyalität zu verbessern. Sie ist gewachsen und system-immanent, und es kann kein Einzelner und keine Gruppe dafür verantwortlich gemacht werden. Aber sie sollte durch schrittweise Reformen aufgelöst werden.

Daraus ergibt sich die zwingende Notwendigkeit, aus den Sprecher-Ausschüssen der leitenden Angestellten mehr zu machen als bloße Interessensvertretungen. Auch eine Interessensvertretung ist nötig, aber der Schwerpunkt sollte in einer gemeinsamen Wirkung von leitenden Angestellten und Unternehmensleitungen liegen. Das wiederum erfordert eine institutionalisierte Mitwirkung der leitenden Angestellten an den Entscheidungsprozessen und damit eine schrittweise Einarbeitung in diese Aufgabe für die Sprecherausschüsse.

Die Machtbefugnisse

Es sei dahingestellt, wie weit für die Interessensvertretung im engeren Sinn eine Festlegung von Kompetenzen notwendig ist. Die Verantwortlichkeiten können auf jeden Fall nicht verordnet, sondern nur angestrebt werden. Das mag eines Tages zur rechtlichen Verankerung dieser Funktion im Aufsichtsrat führen, wie das Riemer in DLA 3/71 vorschlägt, aber das würde am Ende und nicht am Anfang der hier aufgezeigten Entwicklung stehen müssen.

Allerdings hat dieser Weg eine Voraussetzung: Jede Mitwirkung leitender Angestellter an den Entscheidungsprozessen im Unternehmen bedeutet gleichzeitig einen Verzicht der Unternehmensleitung hinsichtlich ihrer alleinigen Entscheidungsmacht. Der Prozeß der Einschränkung der alleinigen Machtbefugnisse der Unternehmensleitung ist seit langem im Gange, ob immer zum Nutzen der Unternehmungen mag dahingestellt bleiben. Er sollte aber für die leitenden Angestellten in Richtung einer kooperativen Führung neu durchdacht werden.

Damit haben es die Unternehmensleitungen in der Hand, welche Chancen sie den leitenden Angestellten geben, mehr

Verantwortung zu übernehmen und zu übertragen. Dieses Ziel sollten aber auch die leitenden Angestellten ins Auge fassen und dafür konstruktive Möglichkeiten entwickeln, und sich nicht mit der bloßen Interessensvertretung begnügen. Je schneller und überzeugender sie diesen Weg beschreiten, um so verständlicher wird der Öffentlichkeit werden, daß sie den Betriebsrat als ihre Interessensvertretung ablehnen müssen.

b) Leitende Angestellte im Aufbruch
Ein Gespräch zwischen BDA-Schleyer, DGB-Farthmann und der ULA[1]

...

Hat der Gesetzgeber sich gedrückt?

Farthmann: Die Frage der Abgrenzung der sogenannten leitenden Angestellten ist ja nun ideologisch sehr verfrachtet. Und leider war es nicht überall so, wie es Herr Schleyer dargestellt hat. Viele dieser Briefe sollten dazu dienen, den Kreis der leitenden Angestellten qua Ernennung möglichst hochzuziehen.

mm: Wer ist nun leitender Angestellter? Wie läßt sich eine Abgrenzung gegenüber den anderen Arbeitnehmern auf der einen und der Unternehmensleitung auf der anderen Seite formulieren? Hat der Gesetzgeber sich in dieser Abgrenzungsfrage gedrückt? Hat er, wie er es ja häufig tut, sozusagen den Gerichten überlassen, im nachhinein dann sozusagen die Dreckarbeit zu machen?

Borgwardt: Ich würde von einem Auslegungsspielraum sprechen, den der Gesetzgeber gegeben hat. Und bei der Auslegung stellt man gerade von gerichtlicher Seite auch auf die Handhabung in der Praxis ab. Zum Beispiel auf die Frage der Selbsteinschätzung der Betroffenen, des Gruppenselbstverständnisses. Soweit ich den Gutachten, die jetzt zu § 5, Absatz 3 ergangen sind, folgen kann, legt man dieses Kriterium auch an, um den Auslegungsspielraum etwas abzugrenzen.

[1] DLA 1972, Heft 8.

Schleyer: Die Bestimmung des § 5, Absatz 3 halte ich wirklich für eine brauchbare Lösung. Sicher liegt da ein gewisser Kompromiß drin. Aber es ist tatsächlich völlig unmöglich, Definitionen aufzustellen. Und zwar deshalb, weil die Verhältnisse von Betrieb zu Betrieb zu unterschiedlich sind. Sie haben reine Produktionsbetriebe, in denen es gar keine Entwicklungsstäbe gibt. Sie haben wie bei uns große Entwicklungsabteilungen, ebenso in der Elektroindustrie, noch größere in der Chemie. Unsere Entwicklung unterscheidet sich wieder total von der Chemie. Denn wir haben auch in den Entwicklungsabteilungen eine hierarchische Ordnung — technische Zeichner, Fachschul-Ingenieure, Diplom-Ingenieure — und können deshalb auch gliedern. Das kann ein chemisches Labor, das überwiegend Diplom-Chemiker beschäftigt, gar nicht so durchführen. Drum sind die Dinge gar nicht vergleichbar.

mm: Um welche Anzahl von Arbeitnehmern geht es bei den leitenden Angestellten überhaupt? Wie viele Angestellte kommen als leitende in Betracht?

Schleyer: Wir schätzen sie auf etwa 300 000.

Borgwardt: Nach unseren Schätzungen sind es ein bis zwei Prozent der Beschäftigten im normalstrukturierten Bereich und bis zu fünf Prozent im forschungsintensiven Bereich. Wir kommen dann bei 22 Millionen Beschäftigten etwa auf eine Zahl von 440 000 Leitenden, wenn wir zwei Prozent nehmen.

Wo liegt das Interesse der Gewerkschaften?

mm: Die Gewerkschaften wollen den Kreis der Leitenden viel kleiner ziehen. Wobei sich die Frage stellt, warum dieser quantitativ sehr kleine Kreis die Gewerkschaften überhaupt noch interessiert?

Farthmann: Wir wollen nur diejenigen von dem aktiven und passiven Wahlrecht des Betriebsrats ausklammern, die echte Arbeitgeberfunktion wahrnehmen. Und dazu gehören einmal die Vorstandsmitglieder, also die zur gesetzlichen Vertretung berufenen Organmitglieder. Zweitens diejenigen, die Prokura und Generalvollmacht erteilt bekommen haben. Und drittens diejenigen, die zur selbständigen Einstellung und Entlassung aller im Betrieb beschäftigten berechtigt sind. Das bedeutet praktisch, daß nur die Betriebsleiter aus dem aktiven und passiven Wahlrecht zum Betriebsrat ausgeschlossen werden sollen. Jede Grenzziehung darunter ist mehr oder weniger Krampf oder willkürlich, weil der moderne Betrieb von einem System der Delegation bis unten hin ausgeht und deswegen die delegierte Unternehmerfunktion noch bis hin zum Vorarbeiter spürbar ist und wahrgenommen werden kann. Und deswegen ist jede andere Grenzziehung Wunschdenken.

mm: Wie viele Leitende darf es dann nach Ihrer Abgrenzung geben?

Farthmann: Der so abgegrenzte Personenkreis wird höchstens 50 000 umfassen. Wobei aber unser Interesse an dieser Gruppe nicht nur ein rein quantitatives ist.

mm: Worin besteht denn das Gewerkschafts-Interesse an den leitenden Angestellten?

Farthmann: Es ist der gesellschaftspolitische Aspekt — und zwar ein doppelter. Nämlich einmal die Tatsache, daß die Arbeitnehmerschaft, die Solidarität gespalten wird; selbst wenn die eine Gruppe quantitativ viel kleiner ist, bedeutet das doch ein divide et impera im Betrieb und eine Erschwerung der Interessenwahrnehmung. Zumal wir möchten, daß diese qualifizierten Arbeitnehmer, die ja ein überproportionales Gewicht haben, gerade mit in die Willensbildung des Betriebsrats und auch der Gewerkschaften einbezogen werden. Und der zweite Aspekt liegt darin, daß die Anerkennung dieser mittleren Gruppe und deren Sonderstellung durch Schaffung einer besonderen Interessenvertretung eine Diskriminierung der übrigen Arbeitnehmervertretung bedeuten würde. Der Betriebsrat wäre degradiert zu einem Interessenorgan der Kleinen Leute im Betrieb. Aus diesen beiden Gründen halten wir es gesellschaftspolitisch für äußerst bedenklich, diese Abgrenzung vorzunehmen.

Borgwardt: Wenn Sie aus dem Gesichtspunkt der Arbeitnehmerschaft das Wort von teile und herrsche bringen, dann könnte eigentlich die andere Seite genauso gut sagen, wenn die leitenden Angestellten völlig eingemeindet werden in den übrigen Bereich der Arbeitnehmer, dann heißt das teile und herrsche bezüglich der Unternehmensführung. Hier sind also zwei konkurrierende Prinzipien. Deswegen kann man also mit Schlagworten das Problem sicher nicht umreißen.

Das Solidarisierungsbedürfnis der Leitenden

mm: Besteht denn bei leitenden Angestellten überhaupt ein Solidarisierungs-Bedürfnis? Selbst neutrale Beobachter behaupten, nur diejenigen, denen die höheren Sprossen der Karriere nicht mehr erreichbar scheinen, suchten kollektiven Schutz. Wer stark ist, würde seine Bedingungen individuell aushandeln. Überspitzt heißt das, nur die Fußkranken suchen die Interessen-Vertretung. Herr Schleyer, wie sind da Ihre Erfahrungen bei Daimler-Benz?

Schleyer: Man muß hier innerbetrieblich und überbetrieblich auseinander halten. Innerbetrieblich hat die Diskussion um die Leitenden Angestellten und die Sprecherausschüsse dazu geführt, daß ein sehr starkes Gruppenverständnis, das sicher subkutan vorhanden war, jetzt plötzlich vorgetreten ist und eine ausgesprochene Bereitschaft oder ein Wunsch auf eine Organisation als eine spezifische Gruppe im Unternehmen entsteht. Es fängt an einer Ecke an und der Funke geht nun weiter. Bei uns hat es in Berlin begonnen. Dort ist die erste selbständige Organisation entstanden. Und wir können heute überall solche Entwicklungen feststellen. Das ist eine Bewegung, die alle leitenden Angestellten umfaßt — nicht zahlenmäßig alle — sämtliche Gruppen, ob das nun junge, mittlere oder ältere sind.

mm: Sehen die Unternehmensleitungen — ebenso wie die Gewerkschaften — nun, daß sie den Kreis der Leitenden vernachlässigt haben?

Schleyer: Ja, ganz eindeutig. Wir haben dieses Manko festgestellt und sind eigentlich im Zusammenhang mit der Diskussion um das neue Betriebsverfassungsgesetz und um Sprecherausschüsse auf diesen wunden Punkt gestoßen. Wir haben ja die merkwürdige und sicher nicht richtige Entwicklung festzustellen, daß auch nach dem alten Gesetz diese Gruppe, die nicht unter die Restriktion des Betriebsrats fiel, eigentlich in der Information über die Gesamtentwicklung des Unternehmens zu kurz kam. Und zwar rein durch unsere Schuld. Man hat sie einfach vergessen. Dem tragen wir nun Rechnung durch verstärkte Information. Zweitens geht es um gruppenspezifische Fragen, die anders liegen als die der großen Zahl der Mitarbeiter, deren Probleme im Betriebsrat erörtert werden. Das geht bis zur Reisekostenrichtlinie, die zum Beispiel diesen Personenkreis vielmehr betrifft als etwa die Lohnempfänger.

Farthmann: Die ganze Frage der leitenden Angestellten muß in der Tat in einem Neuaufbruch einer neuen Entwicklungslinie gesehen werden. Bis vor wenigen Jahren suchten die leitenden Angestellten tatsächlich ihr Heil im Arbeitsvertrag, zumindestens, solange sie in aufsteigender Tendenz waren, und nachher waren sie mehr oder weniger hilflos. Es kam aber nicht zu kollektiven Zusammenschlüssen. Wir müssen heute sehen, daß ein größeres Bedürfnis nach kollektivem Zusammenschluß spürbar wird, besonders in den jüngeren Kreisen dieser Leitenden Angestellten; einmal um sich als Gruppe artikulieren zu können, und zweitens aus ganz handfesten und materiellen Gründen, besonders, wenn wir an die Tarifpraxis denken.

Organisieren sich nur die Fußkranken?

Borgwardt: Die Frage, ob sich in den Verbänden der leitenden Angestellten nur die Fußkranken zusammenfinden, kann ich mit voller Überzeugung verneinen. Schauen Sie in unseren Verband der Chemie. Dort ist vom leitenden Angestellten direkt unterhalb des Vorstandes bis zum Neuanfänger in der Industrie — nach dem Akademikerprinzip — alles vertreten. Auch Herr Sammet von Hoechst war einst Mitglied dieses Verbandes. Ebenso Herr Hansen von Bayer. Es ist sicher keine Schande, Mitglied in diesem Verband zu sein und es hat noch keinen am Aufstieg gehindert. Ein weiteres Beispiel ist der Bergbau, wo heute noch in dem Verband 59 Bergwerksdirektoren — zwar neutralisiert — drin sind.

mm: So mancher leitende Angestellte steht dennoch vor der Frage: Gewerkschaft, Sprecherausschuß oder Einzelkämpfer?

Farthmann: Wir sehen für das Gewerkschafts-Interesse an dem leitenden Angestellten noch als wichtigen Aspekt, daß die deutsche Sozialordnung eine starke integrierende Wirkung in der gesamten Arbeitnehmerseite hat und daß wir bisher nicht diese partikularen Interessenwahrnehmungen kennen, die etwa die englische Wirtschaft teilweise bis an den Rand der Zerrüttung gebracht haben.

Borgwardt: Eine Eingemeindung der leitenden Angestellten in den Betriebsrat würde weder den Betriebsrat noch den leitenden Angestellten einen Vorteil bringen. Selbst wenn ich den maximalen Grenzwert von fünf Prozent aller Beschäftigten als leitender Angestellte ansehe, bleiben immer 95 Prozent, die eben den anderen Teil im Betriebsrat stellen. Die Eingemeindung in den Betriebsrat bedeutet für die leitenden Angestellten eine Majorisierung, eine minimale Interessenvertretung, wenn nicht eine theoretische Interessenvertretung.

Farthmann: Erstens, Herr Borgwardt, ist es doch gerade der Sinn eines integralen Modells, daß Minderheiten sich eben nicht verselbständigen können, sondern in der Gesamtsolidarität zur Geltung bringen müssen. Wenn man das zerstört, haben wir gerade die Gefahr des Partikularismus. Zweitens: Von ihrer Kapazität her, von ihrem Wissensstand her, müßte diese kleinere Gruppe eigentlich eher als alle anderen in der Lage sein, sich überproportional zu repräsentieren. Und drittens gebe ich nun allerdings zu, daß wir, aus der ganzen historischen Entwicklung vielleicht ein gewisses Ressentiment oder eine gewisse Vorsicht der übrigen Arbeitnehmerschaft gegenüber dieser Gruppe in Rechnung stellen müssen.

mm: Herr Farthmann, Sie hatten doch einen konkreten Vorschlag für die Interessenvertretung leitender Angestellter gemacht. Was ist daraus geworden?

Auch SPD für Sonderregelungen

Farthmann: — Es war mein persönlicher Vorschlag, nicht der des DGB und auch nicht der SPD-Fraktion. Ich würde bei einer Novellierung dieser Materie, die ich für dringlich halte, zweierlei empfehlen: Erstens müßte durch einen Minderheitsschutz sichergestellt werden, daß die leitenden Angestellten überhaupt im Betriebsrat durch leitende Angestellte repräsentiert wird, genauso wie heute die Angestellten ein Minderheitenschutz gegenüber den Arbeitern haben. In meinem Bonner Büro habe ich sogar einen Gesetzentwurf formuliert.

Und zweitens würde ich auch noch befürworten, daß die leitenden Angestellten innerhalb des Betriebsrates, jedenfalls die größeren Unternehmen, eine gewisse Autonomie in den Fragen haben, die für sie spezifisch sind, wie Herr Schleyer eben gesagt hat. So könnte ich mir denken, daß man zwingend einen Ausschuß der leitenden Angestellten vorschreibt, wenn die Leitenden im Betriebsrat etwa drei oder mehr Vertreter nach der Minderheitsregelung umfassen, und daß diesem Ausschuß die Aufgaben übertragen werden, die ausschließlich für die leitenden Angestellten von Interesse sind. Etwa die Wettbewerbsregelung als typisches Beispiel.

mm: Wie lange schätzen Sie, wird es dauern, bis Sprecherausschüsse gesetzlich sanktioniert sind?

Borgwardt: Wir könnten schon im November zu Sprecherausschüssen kommen. Dann nämlich, wenn die CDU eine Mehrheit bekommen sollte.

mm: Und wenn die SPD wieder in der Regierung sitzt, werden Sprecherausschüsse überhaupt nicht rechtswirksam?

Borgwardt: Das kann durchaus sein. Wenn die SPD in die Mehrheit kommt, wird wahrscheinlich versucht, weiter an der Abgrenzungsvorschrift zu basteln.

Schleyer: Das hat ja Herr Farthmann angekündigt.

Farthmann: Aber mit Sicherheit nicht ohne eine irgendwie geartete Sonderregelung, in dem von mir zu Anfang angedeuteten Sinne. Wir sind uns heute darüber klar — das kann ich für die SPD-Fraktion sagen, obwohl es da keine Beschlüsse gibt — daß an die bloße undifferenzierte Einebnung nicht mehr gedacht wird.

Borgwardt: Wenn man das Problem der Majorisierung bei ihrem Konzept sich noch einmal überlegt, Herr Farthmann, dann meine ich, könnte eine Verhandlungsbasis entstehen. Aber das ist eine Grundfrage. Man kann das Problem nicht mit dem Schlagwort der Solidarität lösen. Wo freiwillig nicht Solidarität geübt wird, weil man eine zu große Interessenverschiedenheit sieht, da ist das Herbeiführen einer Solidarität per Gesetz eine Zwangssolidarisierung.

Farthmann: Herr Borgwardt, wenn Sie meinen Vorschlag genau prüfen, werden Sie sehen, daß er davon ausgeht — genau wie es auch das Betriebsverfassungsgesetz vorsieht — daß Betriebsrats-Ausschüsse beschließende Wirkung haben können, die dann nicht mehr in den Gesamtbetriebsrat kommen. Und wenn man diesem Betriebsausschuß für Leitende Angestellte in den Angelegenheiten, die lediglich die Leitenden Angestellten betreffen, eine beschließende Wirkung zugesteht, gäbe es zumindest bei diesen spezifischen Interessen keine Majorisierung.

Gewerkschafts-Engagement keine Karriere-Bremse

mm: Ist engagierte Mitgliedschaft in der Gewerkschaft eine Karriere-Bremse?

Schleyer: Mit Sicherheit nicht. Schauen Sie mal, wir haben doch einen fließenden Übergang. Unsere Meister rekrutieren sich aus Lohnempfängern, die über Vorarbeiter Meister geworden sind. Die sind in einem Betrieb, der zu 90 Prozent gewerkschaftlich organisiert ist, ganz zwangsläufig Mitglied der IG-Metall. Und ich habe noch nie erlebt, daß im Augenblick, in dem ein solches Gewerkschaftsmitglied beruflich aus der Gruppe der Tarifangestellten herausgewachsen ist, im AT-Bereich nun etwa seine Mitgliedschaft niederlegt. Ich habe auch noch nie geprüft, ob ein solcher Mitarbeiter nun in der Gewerkschaft ist oder nicht.

mm: Er würde allerdings auffallen, wenn er sich als leitender Angestellter zum Beispiel an einem Streik beteiligt.

Schleyer: Streik der leitenden Angestellten? Das ist eine Frage, mit der sich im Augenblick die Arbeitsrechtswissenschaft schon befaßt und glaube ich auch noch keine Lösung hat.

Farthmann: Es gibt in der Tat Fälle, nach unseren Erfahrungen, wo schon der Erwerb der Mitgliedschaft oder etwa die Mitwirkung in einem Wahlvorstand vom Betriebsrat den Arbeitgeber zu der Frage veranlaßt, was haben Sie eigentlich gegen mich, daß Sie das mitmachen. Wo das als persönliche Kränkung empfunden wird, daß der betreffende Mann sich in irgendeiner Weise an den kollektiven Einrichtungen beteiligt. Es gibt aber andererseits sogar Fälle, in denen Betriebsratsvorsitzende zu Personalchefs werden. Wieweit das echte Anerkennung ist oder taktische Überlegung der Unternehmensleitung, wird man natürlich jetzt nicht prüfen können.

Wenn die ULA Tarifpartner wäre?

mm: Herr Borgwart, wenn die ULA als Tarifpartner für leitende Angestellte auftreten könnte, würden Sie sich, zumindest was die Festgehälter betrifft, für eine tarifliche Einheitsregelung einsetzen?

Borgwart: Das ist sehr schwer zu sagen. Unter der Prämisse, daß wir tariffähig wären und Gehälter über Tarife regeln sollten, meine ich immer noch, daß die Frage der Bandbreiten, die ein Tarif ja regeln muß und regeln kann, wahrscheinlich schon ein unlösbares Problem aufwerfen würde. Wir haben ja in einem Bereich, nämlich dem Bereich der Chemischen Industrie, Anfangsgehälter für die ersten fünf Berufsjahre. Und interessant ist, daß sowohl von seiten der Arbeitgeber als auch unserer eigenen Mitglieder eine Ausdehnung des Tarifvertrages über das fünfte Berufsjahr entschieden abgelehnt wird. Weil man sagt: im Eingangsbereich lassen sich bestimmte Gleichbehandlungen tariflicher Art noch herbeiführen. Danach wird die Leistungsbreite zu unterschiedlich.

Schleyer: Es kommt noch eins hinzu. Sie können über die ganze Industrie weg sämtliche Tätigkeiten eines Lohnempfängers vergleichen. Sie können auch noch vergleichen die Tätigkeiten der Tarifangestellten. Bei den außertariflichen Angestellten wirds schon anders. Aber sie können überhaupt nicht mehr vergleichen die Tätigkeit eines Hauptabteilungsleiters bei Daimler-Benz mit der Tätigkeit eines Hauptabteilungsleiters eines mittleren oder kleinen Unternehmens.

Was bringt die Zukunft?

mm: Herr Schleyer, wie sehen Sie die Zukunft der leitenden Angestellten? Wird es immer so sein, daß der leitende Angestellte, also der Mittel-Manager, überwiegend unternehmerisch denkt oder könnte er eines Tages, etwa unter dem Einfluß der von den Hochschulen nachdrängenden Generation eine andere Brille aufsetzen?

Schleyer: Ich glaube, es wird immer so sein, und in Zukunft vielleicht noch stärker als das heute schon der Fall ist. Denn, was die reine unternehmerische Aufgabe anlangt, ist diese Gruppe ganz zwangsläufig in die Unternehmensleitung integriert. Ich habe gar keine Sorge, daß diese Gruppe sich aus der Verantwortung für das Unternehmen entfernen wird in Zukunft.

mm: Kalkulieren Sie etwa so, daß derjenige, der die bestehenden Verhältnisse im Betrieb und auch in der Unternehmensführung entscheidend ändern will, gar nicht den Filter bis in die Position der Leitenden passiert?

Borgwardt: Der Sachzwang drängt ganz sicherlich die Ideologie in starkem Maße zurück. Das, was sich ein Student noch als optimales Wirtschaftsmodell vorstellt, ist in der Praxis einfach nicht in dieser Form zu verwirklichen. Wir stellen auch fest, daß von den Jahrgängen, die in die Industrie eintreten und dann ihren normalen Aufstieg machen, in zunehmendem Maße diese Dinge konservativer beurteilt werden.

Schleyer: Ich würde gar nicht sagen, daß es eine konservative Betrachtung ist, die der Mann im Augenblick hat, wo er in der Mitverantwortung ist. Er ist einfach durch den inzwischen gewonnenen Sachverstand und die konkreteren Vorstellungen über die Machbarkeit ...

mm: ... durch das höhere Gehalt ...

Schleyer: Nein, es ist einfach ein Verständnis für das, was möglich ist im Moment unter den obwaltenden Umständen. Er lernt zum Beispiel im Betrieb, daß wir letztlich alle unsere Ziele nicht verfolgen können, weder gesellschaftspolitisch noch die eigenen wirtschaftlichen, wenn nicht die Wirtschaftlichkeit gewährleistet ist. Das vergessen gelegentlich unsere Studenten.

Farthmann: Da wäre ich nicht ganz so optimistisch wie Herr Schleyer. Wir erleben doch heute, daß die jungen Akademiker Dinge infragestellen, die noch für meine Generation und für uns alle eigentlich völlig unzweifelhaft waren. Wenn ich nur an das Leistungsprinzip denke oder an das Prinzip des ständigen wirtschaftlichen Wachstums. Wenn diese Dinge tatsächlich mehr und mehr in Zweifel gezogen werden, dann könnte ich mir denken, daß die Unternehmerschaft noch eines Tages froh sein würde, wenn die leitenden Angestellten gezwungen wären, sich auch mit den Interessen der Gesamtsolidarität der Arbeitnehmer auseinanderzusetzen. Es könnte sein, daß gerade von Ihrer Seite, Herr Schleyer, nochmal ein großes Interesse besteht.

Schleyer: Herr Farthmann, ich kann mir nicht vorstellen, daß ein leitender Angestellter, der in einer hohen Verantwortungsstufe im Unternehmen steht, ernsthaft noch das Leistungsprinzip anzweifeln kann.

Borgwardt: In der Praxis ist es doch so, daß kein leitender Angestellter unersetzlich ist. Das heißt, es findet gerade um den Aufstieg in die Positionen der leitenden Angestellten ein ausgesprochener Kampf statt. Das ist eine bekannte Tatsache. In diesem Kampf werden sich nicht die bewähren, die sich besonders radikal nun auch noch gegen die Unternehmensleitung und gegen die vitalen Interessen des Unternehmens selber stellen, sondern die werden am Ende bei diesem Machtkampf als erste auf der Strecke bleiben.

III. Unternehmerische Mitbestimmung der leitenden Angestellten

1. Geltendes Recht

a) Betriebsverfassungsgesetz vom 11. Oktober 1952

(Auszug)

(Fortgeltende §§[1] zur Mitbestimmung im Aufsichtsrat)

§ 76.

(1) Der Aufsichtsrat einer Aktiengesellschaft oder einer Kommanditgesellschaft auf Aktien muß zu einem Drittel aus Vertretern der Arbeitnehmer bestehen.

(2) Die Vertreter der Arbeitnehmer werden in allgemeiner, geheimer, gleicher und unmittelbarer Wahl von allen nach § 6 wahlberechtigten Arbeitnehmern der Betriebe des Unternehmens für die Zeit gewählt, die im Gesetz oder in der Satzung für die von der Hauptversammlung zu wählenden Aufsichtsratsmitglieder bestimmt ist. Ist ein Vertreter der Arbeitnehmer zu wählen, so muß dieser in einem Betrieb des Unternehmens als Arbeitnehmer beschäftigt sein. Sind zwei oder mehr Vertreter der Arbeitnehmer zu wählen, so müssen sich unter diesen mindestens zwei Arbeitnehmer aus den Betrieben des Unternehmens, darunter ein Arbeiter und ein Angestellter, befinden; § 10 Abs. 3 gilt entsprechend. Sind in den Betrieben des Unternehmens mehr als die Hälfte der Arbeitnehmer Frauen, so soll mindestens eine von ihnen Arbeitnehmervertreter im Aufsichtsrat sein. Für die Vertreter der Arbeitnehmer gilt § 53 entsprechend.

[1] Vgl. § 129 BetrVerfG 1972.

(3) Die Betriebsräte und die Arbeitnehmer können Wahlvorschläge machen. Die Wahlvorschläge der Arbeitnehmer müssen von mindestens einem Zehntel der wahlberechtigten Arbeitnehmer der Betriebe des Unternehmens oder von mindestens einhundert wahlberechtigten Arbeitnehmern unterzeichnet sein.

(4) An der Wahl der Vertreter der Arbeitnehmer für den Aufsichtsrat des herrschenden Unternehmens eines Konzerns (§ 18 Abs. 1 Satz 1 und 2 des Aktiengesetzes) nehmen auch die Arbeitnehmer der Betriebe der übrigen Konzernunternehmen teil. In diesen Fällen kann die Wahl durch Wahlmänner erfolgen.

(5) Die Bestellung eines Vertreters der Arbeitnehmer zum Aufsichtsratsmitglied kann vor Ablauf der Wahlzeit auf Antrag der Betriebsräte oder von mindestens einem Fünftel der wahlberechtigten Arbeitnehmer der Betriebe des Unternehmens durch Beschluß der wahlberechtigten Arbeitnehmer widerrufen werden. Der Beschluß bedarf einer Mehrheit, die mindestens drei Viertel der abgegebenen Stimmen umfaßt. Auf die Beschlußfassung finden die Vorschriften der Absätze 2 und 4 Anwendung.

(6) Auf Aktiengesellschaften, die Familiengesellschaften sind und weniger als fünfhundert Arbeitnehmer beschäftigen, finden die Vorschriften über die Beteiligung der Arbeitnehmer im Aufsichtsrat keine Anwendung. Als Familiengesellschaften gelten solche Aktiengesellschaften, deren Aktionär eine einzelne natürliche Person ist oder deren Aktionäre untereinander im Sinne von § 10 Ziff. 2 bis 5 des Steueranpassungsgesetzes vom 16. Oktober 1934 verwandt oder verschwägert sind. Dies gilt entsprechend für Kommanditgesellschaften auf Aktien.

§ 77.

(1) Bei Gesellschaften mit beschränkter Haftung und bergrechtlichen Gewerkschaften mit eigener Rechtspersönlichkeit mit mehr als fünfhundert Arbeitnehmern ist ein Aufsichtsrat zu bilden. Seine Zusammensetzung sowie seine Rechte und Pflichten bestimmen sich nach § 90 Abs. 3, 4, 5 Satz 1 und 2.

§§ 95 bis 114, 116, 118 Abs. 2, § 125 Abs. 3, §§ 171, 268 Abs. 2 des Aktiengesetzes und § 76 dieses Gesetzes.

(2) Besteht bei Versicherungsvereinen auf Gegenseitigkeit mit mehr als fünfhundert Arbeitnehmern ein Aufsichtsrat, so findet § 76 dieses Gesetzes Anwendung.

(3) Auf Erwerbs- und Wirtschaftsgenossenschaften mit mehr als fünfhundert Arbeitnehmern findet § 76 dieses Gesetzes Anwendung. Das Statut kann nur eine durch drei teilbare Zahl von Aufsichtsratsmitgliedern festsetzen. Der Aufsichtsrat muß mindestens einmal im Kalendervierteljahr einberufen werden.

§ 77 a.

Soweit nach §§ 76 oder 77 die Beteiligung von Arbeitnehmern im Aufsichtsrat eines herrschenden Unternehmens von dem Vorhandensein oder der Zahl von Arbeitnehmern abhängt, gelten die Arbeitnehmer der Betriebe eines Konzernunternehmens als Arbeitnehmer des herrschenden Unternehmens, wenn zwischen den Unternehmern ein Beherrschungsvertrag besteht oder das abhängige Unternehmen in das herrschende Unternehmen eingegliedert ist.

§ 81.

(1) Auf Betriebe, die politischen, gewerkschaftlichen, konfessionellen, karitativen, erzieherischen, wissenschaftlichen, künstlerischen und ähnlichen Bestimmungen dienen, finden die §§ 76 und 77 keine Anwendung.

(2) §§ 76 und 77 findet keine Anwendung auf Religionsgemeinschaften und ihre karitativen und erzieherischen Einrichtungen unbeschadet deren Rechtsform.

§ 85.

(1) Die Vorschriften des Genossenschaftsgesetzes über die Zusammensetzung des Aufsichtsrats sowie über die Wahl und die Abberufung von Aufsichtsratsmitgliedern gelten insoweit nicht als sie den Vorschriften dieses Gesetzes widersprechen.

(2) Die Vorschriften dieses Gesetzes über Vertreter der Arbeitnehmer im Aufsichtsrat finden keine Anwendung auf die in § 1 des Gesetzes über die Mitbestimmung der Arbeitneh-

mer in den Aufsichtsräten und Vorständen der Unternehmen des Bergbaus und der Eisen und Stahl erzeugenden Industrie vom 21. Mai 1951 (BGBl. I S. 347)[3] bezeichneten Unternehmen.

§ 87.

Die Bundesregierung erläßt mit Zustimmung des Bundesrats Rechtsverordnungen zur Regelung der in den §§ 76 und 77 bezeichneten Wahlen[4] über

a) die Vorbereitung der Wahl, insbesondere die Aufstellung der Wählerlisten und die Errechnung der Vertreterzahl;

b) die Frist für die Einsichtnahme in die Wählerlisten und die Erhebung von Einsprüchen gegen sie;

c) die Vorschlagslisten und die Frist für ihre Einreichung;

d) das Wahlausschreiben und die Fristen für seine Bekanntmachung;

e) die Stimmabgabe;

f) die Feststellung des Wahlergebnisses und die Fristen für seine Bekanntmachung;

g) die Anfechtung der Wahl;

h) die Aufbewahrung der Wahlakten;

i) den Widerruf der Bestellung der Arbeitnehmervertreter im Aufsichtsrat.

. . .

b) Gesetz über die Mitbestimmung der Arbeitnehmer in den Aufsichtsräten und Vorständen der Unternehmen des Bergbaus und der Eisen und Stahl erzeugenden Industrie vom 21. Mai 1951[1]

(Auszug)

Erster Teil. Allgemeines

§ 1. [Kreis der dem Gesetz unterliegenden Unternehmen][2]

(1) Die Arbeitnehmer haben ein Mitbestimmungsrecht in

[1] BGBl. I 347, zuletzt geändert durch Gesetz vom 6. September 1965, BGBl. I S. 1185.

[2] Vorübergehend ergänzt durch § 1 des Gesetzes über die befristete Fortgeltung der Mitbestimmung, nachfolgend Nr. 6.

den Aufsichtsräten und in den zur gesetzlichen Vertretung berufenen Organen nach Maßgabe dieses Gesetzes in

a) den Unternehmen, deren überwiegender Betriebszweck in der Förderung von Steinkohle, Braunkohle oder Eisenerz oder in der Aufbereitung, Verkokung, Verschwelung oder Brikettierung dieser Grundstoffe liegt und deren Betrieb unter der Aufsicht der Bergbehörden steht,

b) den Unternehmen der Eisen und Stahl erzeugenden Industrie dem Umfang, wie er in Gesetz Nr. 27 der Alliierten Hohen Kommission vom 16. Mai 1950 (Amtsblatt der Alliierten Hohen Kommission für Deutschland S. 299) bezeichnet ist, soweit diese Unternehmen in „Einheitsgesellschaften" im Sinne des Gesetzes Nr. 27 überführt oder in anderer Form weiterbetrieben und nicht liquidiert werden,

c) den Unternehmen, die von einem vorstehend bezeichneten oder nach Gesetz Nr. 27 der Alliierten Hohen Kommission zu liquidierenden Unternehmen abhängig sind, wenn sie die Voraussetzungen nach Buchstabe a erfüllen oder überwiegend Eisen und Stahl erzeugen.

(2) Dieses Gesetz findet nur auf diejenigen in Absatz 1 bezeichneten Unternehmen Anwendung, welche in Form einer Aktiengesellschaft, einer Gesellschaft mit beschränkter Haftung oder einer bergrechtlichen Gewerkschaft mit eigener Rechtspersönlichkeit betrieben werden und in der Regel mehr als eintausend Arbeitnehmer beschäftigen oder „Einheitsgesellschaften" sind.

§ 2.

Auf die in § 1 bezeichneten Unternehmen finden die Vorschriften des Aktiengesetzes, des Gesetzes betreffend die Gesellschaften mit beschränkter Haftung, der Berggesetze und des Betriebsverfassungsrechts insoweit keine Anwendung, als sie den Vorschriften dieses Gesetzes widersprechen.

Zweiter Teil. Aufsichtsrat

§ 3. [Bildung eines Aufsichtsrats auch bei GmbH und bergrechtlicher Gewerkschaft]

(1) Betreibt eine Gesellschaft mit beschränkter Haftung oder eine bergrechtliche Gewerkschaft mit eigener Rechtspersönlich-

keit ein Unternehmen im Sinne des § 1, so ist nach Maßgabe dieses Gesetzes ein Aufsichtsrat zu bilden.

(2) Auf den Aufsichtsrat, seine Rechte und Pflichten finden die Vorschriften des Aktienrechts sinngemäß Anwendung.

§ 4. [Zusammensetzung des Aufsichtsrats]

(1) Der Aufsichtsrat besteht aus elf Mitgliedern. Er setzt sich zusammen aus

a) vier Vertretern der Anteilsgegner und einem weiteren Mitglied,
b) vier Vertretern der Arbeitnehmer und einem weiteren Mitglied,
c) einem weiteren Mitglied.

(2) Die in Absatz 1 bezeichneten weiteren Mitglieder dürfen nicht

a) Repräsentant einer Gewerkschaft oder einer Vereinigung der Arbeitgeber oder einer Spitzenorganisation dieser Verbände sein oder zu diesen in einem ständigen Dienst- oder Geschäftsbesorgungsverhältnis stehen,
b) im Laufe des letzten Jahres vor der Wahl eine unter Buchstabe a bezeichnete Stellung innegehabt haben,
c) in dem Unternehmen als Arbeitnehmer oder Arbeitgeber tätig sein,
d) an dem Unternehmen wirtschaftlich wesentlich interessiert sein.

(3) Alle Aufsichtsratsmitglieder haben die gleichen Rechte und Pflichten. Sie sind an Aufträge und Weisungen nicht gebunden.

§ 5. [Wahl der Aufsichtsratsmitglieder]

Die in § 4 Abs. 1 Buchstabe a bezeichneten Mitglieder des Aufsichtsrats werden durch das nach Gesetz, Satzung oder Gesellschaftsvertrag zur Wahl von Aufsichtsratsmitgliedern berufene Organ (Wahlorgan) nach Maßgabe der Satzung oder des Gesellschaftsvertrags gewählt.

§ 6. [Wahlvorschläge]

(1) Unter den in § 4 Abs. 1 Buchstabe b bezeichneten Mitgliedern des Aufsichtsrats müssen sich ein Arbeiter und ein

Angestellter befinden, die in einem Betriebe des Unternehmens beschäftigt sind. Diese Mitglieder werden dem Wahlorgan durch die Betriebsräte der Betriebe des Unternehmens nach Beratung mit den in den Betrieben des Unternehmens vertretenen Gewerkschaften und deren Spitzenorganisationen vorgeschlagen. Zur Aufstellung dieser Vorschläge bilden die Arbeitermitglieder und die Angestelltenmitglieder der Betriebsräte je einen Wahlkörper. Jeder Wahlkörper wählt in geheimer Wahl das auf ihn entfallende Mitglied.

(2) Die nach Absatz 1 gewählten Personen sind vor Weiterleitung der Vorschläge an das Wahlorgan innerhalb von zwei Wochen nach der Wahl den Spitzenorganisationen mitzuteilen, denen die in den Betrieben des Unternehmens vertretenen Gewerkschaften angehören. Jede Spitzenorganisation kann binnen zwei Wochen nach Zugang der Mitteilung Einspruch bei den Betriebsräten einlegen, wenn der begründete Verdacht besteht, daß ein Vorgeschlagener nicht die Gewähr bietet, zum Wohle des Unternehmens und der gesamten Volkswirtschaft verantwortlich im Aufsichtsrat mitzuarbeiten. Lehnen die Betriebsräte den Einspruch mit einfacher Stimmenmehrheit ab, so können die Betriebsräte oder die Spitzenorganisation, welche den Einspruch eingelegt hat, den Bundesminister für Arbeit anrufen; dieser entscheidet endgültig.

(3) Zwei der in § 4 Abs. 1 Buchstabe b bezeichneten Mitglieder werden von den Spitzenorganisationen nach vorheriger Beratung mit den im Betriebe vertretenen Gewerschaften und den Betriebsräten dem Wahlorgan vorgeschlagen. Die Spitzenorganisationen sind nach dem Verhältnis ihrer Vertretung in den Betrieben vorschlagsberechtigt; sie sollen bei ihren Vorschlägen die innerhalb der Belegschaften bestehenden Minderheiten in angemessener Weise berücksichtigen.

(4) Für das in § 4 Abs. 1 Buchstabe b bezeichnete weitere Mitglied gilt Absatz 3 entsprechend.

(5) Das Wahlorgan ist an die Vorschläge der Betriebsräte und der Spitzenorganisationen gebunden.

§ 7. [aufgehoben]

§ 8.

(1) Das in § 4 Abs. 1 Buchstabe c bezeichnete weitere Mitglied des Aufsichtsrats wird durch das Wahlorgan auf Vorschlag der übrigen Aufsichtsratsmitglieder gewählt. Der Vorschlag wird durch diese Aufsichtsratsmitglieder mit Mehrheit aller Stimmen beschlossen. Er bedarf jedoch der Zustimmung von mindestens je drei Mitgliedern, die nach § 5 und die nach § 6 gewählt sind.

(2) Kommt ein Vorschlag nach Absatz 1 nicht zustande oder wird eine vorgeschlagene Person nicht gewählt, so ist ein Vermittlungsausschuß zu bilden, der aus vier Mitgliedern besteht. Je zwei Mitglieder werden von den nach § 5 und den nach § 6 gewählten Aufsichtsratsmitgliedern gewählt.

(3) Der Vermittlungsausschuß schlägt innerhalb eines Monats dem Wahlorgan drei Personen zur Wahl vor, aus denen das Wahlorgan das Aufsichtsratsmitglied wählen soll. Kommt die Wahl auf Grund des Vorschlages des Vermittlungsausschusses aus wichtigen Gründen nicht zustande, insbesondere dann, wenn keiner der Vorgeschlagenen die Gewähr für ein gedeihliches Wirken für das Unternehmen bietet, so muß die Ablehnung durch Beschluß festgestellt werden. Dieser Beschluß muß mit Gründen versehen sein. Über die Berechtigung der Ablehnung der Wahl entscheidet auf Antrag des Vermittlungsausschusses das für das Unternehmen zuständige Oberlandesgericht. Im Falle der Bestätigung der Ablehnung hat der Vermittlungsausschuß dem Wahlorgan drei weitere Personen vorzuschlagen; für diesen zweiten Vorschlag gilt die vorstehende Regelung (Sätze 2 bis 4) entsprechend. Wird die Ablehnung der Wahl von dem Gericht für unberechtigt erklärt, so hat das Wahlorgan einen der Vorgeschlagenen zu wählen. Wird die Ablehnung der Wahl aus dem zweiten Wahlvorschlag von dem Gericht für berechtigt erklärt, oder erfolgt kein Wahlvorschlag, so wählt das Wahlorgan von sich aus das weitere Mitglied.

(4) Wird die in Absatz 2 vorgesehene Anzahl von Mitgliedern des Vermittlungsausschusses nicht gewählt, oder bleiben Mitglieder des Vermittlungsausschusses trotz rechtzeitiger Ein-

ladung ohne genügende Entschuldigung einer Sitzung fern, so kann der Vermittlungsausschuß tätig werden, wenn wenigstens zwei Mitglieder mitwirken.

§ 9. [Zusammensetzung der Aufsichtsräte mit 15 oder 21 Mitgliedern]

(1) Bei Gesellschaften mit einem Nennkapital von mehr als zwanzig Millionen Deutsche Mark kann durch Satzung oder Gesellschaftsvertrag bestimmt werden, daß der Aufsichtsrat aus fünfzehn Mitgliedern besteht. Die Vorschriften der §§ 4 bis 8 finden sinngemäß Anwendung mit der Maßgabe, daß die Zahl der gemäß § 6 Abs. 1 und 2 zu wählenden Arbeiter zwei, die Zahl der in § 6 Abs. 3 bezeichneten Vertreter der Arbeitnehmer drei beträgt.

(2) Bei Gesellschaften mit einem Nennkapital von mehr als fünfzig Millionen Deutsche Mark kann durch Satzung oder Gesellschaftsvertrag bestimmt werden, daß der Aufsichtsrat aus einundzwanzig Mitgliedern besteht. Die Vorschriften der §§ 4 bis 8 finden sinngemäß Anwendung mit der Maßgabe, daß die Zahl der in § 4 Abs. 1 Buchstaben a und b bezeichneten weiteren Mitglieder je zwei, die Zahl der gemäß § 6 Abs. 1 und 2 zu wählenden Arbeiter drei und die Zahl der in § 6 Abs. 3 bezeichneten Vertreter der Arbeitnehmer vier beträgt.

§ 10. [Beschlußfähigkeit]

Der Aufsichtsrat ist beschlußfähig, wenn mindestens die Hälfte der Mitglieder, aus denen er nach diesem Gesetz oder der Satzung insgesamt zu bestehen hat, an der Beschlußfassung teilnimmt. § 89 Abs. 1 Satz 4[3] des Aktiengesetzes findet Anwendung.

§ 11.

(1) Auf die in § 5 bezeichneten Mitglieder des Aufsichtsrats finden § 87 Abs. 2, § 88 Abs. 4 und 5[4] des Aktiengesetzes Anwendung.

(2) Auf die in § 6 bezeichneten Mitglieder des Aufsichtsrats findet § 87 Abs. 2[5] des Aktiengesetzes mit der Maßgabe An-

[3] Vgl. jetzt § 108 Abs. 2 Satz 4 des AktG.
[4] Vgl. jetzt § 103 Abs. 1, 2 und 3 des AktG.
[5] Vgl. jetzt § 103 Abs. 1 des AktG.

wendung, daß die Abberufung auf Vorschlag derjenigen Stelle erfolgt, auf deren Vorschlag das Aufsichtsratsmitglied gewählt wurde.

(3) Eine Abberufung des in § 8 bezeichneten Mitglieds des Aufsichtsrats kann auf Antrag von mindestens drei Aufsichtsratsmitgliedern durch das Gericht aus wichtigem Grunde erfolgen.

Dritter Teil. Vorstand

§ 12.

Die Bestellung der Mitglieder des zur gesetzlichen Vertretung berufenen Organs und der Widerruf ihrer Bestellung erfolgen nach Maßgabe des § 75[6] des Aktiengesetzes durch den Aufsichtsrat.

§ 13. [Bestellung eines Arbeitsdirektors]

(1) Als gleichberechtigtes Mitglied des zur gesetzlichen Vertretung berufenen Organs wird ein Arbeitsdirektor bestellt. Der Arbeitsdirektor kann nicht gegen die Stimmen der Mehrheit der nach § 6 gewählten Aufsichtsratsmitglieder bestellt werden. Das gleiche gilt für den Widerruf der Bestellung.

(2) Der Arbeitsdirektor hat wie die übrigen Mitglieder des zur gesetzlichen Vertretung berufenen Organs seine Aufgaben im engsten Einvernehmen mit dem Gesamtorgan auszuüben. Das Nähere bestimmt die Geschäftsordnung.

2. Reform des Unternehmensrechts

Beschluß des 22. Bundesparteitages der Christlich Demokratischen Union Deutschland am 18./20. November 1973

I.

Die Mitbestimmung der Arbeitnehmer ist Ausdruck christlich sozialen Gedankengutes und eine Grundlage der Sozialen

[6] Vgl. jetzt § 84 des AktG.

Marktwirtschaft. Wir wollen die gleichberechtigte Kooperation der im Unternehmen tätigen Kräfte, denn die Würde des arbeitenden Menschen verlangt seine Teilhabe an den Entscheidungen, die die Bedingungen für seine Arbeitswelt setzen.

Die Vermenschlichung der Arbeitsbedingungen ist eines der wichtigsten Ziele der Mitbestimmung.

II.

Die heutige rechtliche Grundlage für die Stellung des Arbeitnehmers im Unternehmen entspricht nicht den Zielvorstellungen der CDU von der partnerschaftlichen Unternehmensordnung. Sie muß deshalb durch ein neues Unternehmensrecht fortentwickelt werden.

Das neue Unternehmensrecht soll

den im Unternehmen arbeitenden Menschen als Mitglied des Sozialverbandes Unternehmen behandeln und nicht wie bisher nur als Außenstehenden, der unter Vertrag genommen ist;

ein partnerschaftliches Verhältnis von Arbeitnehmer, Kapitaleigner und Unternehmensleitung auf der Grundlage der Parität gewährleisten;

den ordnungspolitischen Zusammenhang von Koalitionsfreiheit, Privateigentum und Unternehmensautonomie im Rahmen der Sozialen Marktwirtschaft sichern;

den Übergang von der institutionellen zur gleichberechtigten gesellschaftsrechtlichen Mitbestimmung der Arbeitnehmer ermöglichen.

Es wird Bezug genommen auf den Beschluß des Bundesparteitages zur Vermögensbildung.

Unternehmensrecht und Betriebsverfassung miteinander verbinden und das Unternehmensrecht der organisatorischen Entwicklung der Großunternehmen anpassen.

III.

Der Bundesparteitag beauftragt den Bundesvorstand, eine Kommission zu berufen, die die rechtlichen Grundlagen für die Verwirklichung der in Ziffer II genannten Zielvorstellungen der CDU erarbeitet.

IV.

Bis zur Neugestaltung des Unternehmensrechts wird die Mitbestimmung der Arbeitnehmer in Großunternehmen durch Stärkung ihrer Mitwirkungs- und Entscheidungsrechte im Aufsichtsrat ausgebaut. Hierfür sollen folgende Grundsätze gelten:

Zusammensetzung des Aufsichtsrates

1. Der Aufsichtsrat besteht aus einer gleichen Zahl von Vertretern der Anteilseigner und der Arbeitnehmer.

2. Unter den Vertretern der Arbeitnehmer muß sich mindestens ein Arbeiter, ein Angestellter und ein leitender Angestellter aus dem Unternehmen befinden. Stellvertretende Vorstandsmitglieder und solche leitenden Angestellten, die in besonderer Nähe zum Vorstand stehen, sind vom aktiven und passiven Wahlrecht zum Aufsichtsrat ausgeschlossen.

Das Wahlverfahren für die Wahl der Arbeitnehmervertreter muß den Gesichtspunkten des Minderheitenschutzes Rechnung tragen.

3. Die überwiegende Zahl der Arbeitnehmervertreter soll im Unternehmen beschäftigt sein. Für zwei außerbetriebliche Vertreter haben Gewerkschaft und Betriebsrat Vorschlagsrecht. Alle Arbeitnehmervertreter werden von der Belegschaft gewählt.

Beschlußfassung im Aufsichtsrat

4. Kommt bei zustimmungspflichtigen Geschäften ein Beschluß im Aufsichtsrat wegen Stimmengleichheit nicht zustande, so kann der Vorstand ohne Zustimmung handeln. Er muß darüber im Geschäftsbericht berichten.

5. Kommt im Aufsichtsrat bei der Bestellung des Vorstandes ein Beschluß wegen Stimmengleichheit nicht zustande, gibt die Stimme des Aufsichtsratsvorsitzenden den Ausschlag.

6. Der Aufsichtsratsvorsitzende wird vom Aufsichtsrat aus dem Kreis seiner Mitglieder mit $^{2}/_{3}$-Mehrheit gewählt. Kommt nach wiederholten Wahlgängen ein Beschluß nicht zustande, so entscheidet entsprechend § 8 Montan-Mitbestimmungsgesetz die Hauptversammlung.

3. Vorschlag der Sozialausschüsse der CDA von 1971[1]

(Auszug)

Die Sozialausschüsse wollen

Die CDU sollte wollen:

eine *partnerschaftliche* Mitbestimmung,
die jedem Partner gleiche Gestaltungschancen gibt;

eine *funktionsgerechte* Mitbestimmung,
die den Aufgaben eines Unternehmens gerecht wird;

eine *effektive* Mitbestimmung,
die im Entscheidungszentrum wirkt.

Eine neue Unternehmensverfassung

Wesentlich für die Bewertung des Parteitages wird seine Entscheidung über die Mitbestimmung der Arbeitnehmer im Unternehmen sein. Über die Mitbestimmung der Arbeitnehmer am Arbeitsplatz und im Betrieb werden sich die Gruppierungen der Partei bis zum Parteitag auf einen gemeinsamen Vorschlag für eine Novellierung des Betriebsverfassungsgesetzes geeinigt haben.

Die Sozialausschüsse haben den Bericht der „Biedenkopf-Kommission" ausgewertet und schlagen eine neue Unternehmensverfassung für Unternehmen von erheblicher gesellschaftlicher und volkswirtschaftlicher Bedeutung vor, in deren Führungsorganen Kapital und Arbeit gleichgewichtig vertreten und funktionsgerecht mit dem Management eingeordnet sind!

Es ist nicht Aufgabe des Parteitages, alle Einzelheiten einer Mitbestimmungsregelung festzulegen. Der Parteitag ist vielmehr aufgefordert, den Prinzipien „eines modernen und fortschrittlichen Unternehmensrechts" zuzustimmen.

Diese lauten:

gleichgewichtige Vertretung von Kapital und Arbeit in den Führungsorganen,

[1] Mitbestimmung — partnerschaftlich, effektiv, funktionsgerecht, 1972, S. 3, 4.

funktionsgerechte Verbindung dieser Faktoren mit dem Management als drittem Faktor.

Dem entspricht der Vorschlag der Sozialausschüsse, der auf das sogenannte HORN-Modell zurückzuführen ist. Es wurde erstmals vom Vorstandsvorsitzenden der Felten & Guilleaume Carlswerke AG, Dr. Heinz Horn, am 9. Oktober 1968 in einem Gespräch mit der Tageszeitung „Handelsblatt" vorgelegt (vgl. S. 12 f.).

Die Sozialausschüsse schlagen also als Mitbestimmungsorgan einen Verwaltungsrat vor, in dem Arbeit und Kapital gleichgewichtig vertreten sind und dem außerdem Vertreter des Managements angehören. Dieser Verwaltungsrat soll die Geschäfte des Unternehmens bestimmen. Er tritt an die Stelle des bisherigen Aufsichtsrates, dessen Funktion der Überwachung und Kontrolle er gleichzeitig wirkungsvoller ausüben kann.

Damit ist unser jetziges dualistisches Aktienrecht nur der Form nach, nicht aber dem Ziele nach aufgegeben: Die Kontrolle des Managements wird durch die *Bestimmung* der Unternehmenspolitik erst möglich.

Partnerschaftliche Mitbestimmung

Die partnerschaftliche Gestaltung des wirtschaftlichen Geschehens, also auch der Unternehmensverfassung, ist Forderung des Berliner Programms. Sowohl Mehrheits- als auch Minderheitsgutachten glauben auf dem Boden dieses Parteitagsbeschlusses zu stehen. Dies ist aus der verschiedenen Ausdeutung des Begriffes „Partnerschaft" zu verstehen.

Ist aber Partnerschaft schon vorhanden, wenn jemand zwar zum Partner erklärt wird, jedoch nur so lange mitreden darf, wie der stärkere „Partner" zustimmt — oder wenn keine wichtigen Entscheidungen auf dem Spiel stehen?

Eine solch einseitige „Partnerschaft" liegt dem Biedenkopf-Modell zugrunde: Die Eigentümer haben einen — wenn auch nicht ins Auge springenden — jedoch entscheidenden Vorsprung. Das Gutachten bestätigt es ihnen ausdrücklich: Bei wirklich wichtigen Entscheidungen sollen die Vertreter der Anteilseigner die Entscheidungen treffen, die sie für unerläßlich halten (vgl. Biedenkopf V/27).

Wenn die Biedenkopfkommission dem Partner Kapital ein Übergewicht einräumt, dann aus zwei Gründen:

Das Mitbestimmungsgremium soll auch dann entscheidungsfähig sein, wenn die Auffassungen beider Interessenvertretungen unvereinbar bleiben; es darf „keine Entscheidungsfähigkeit durch ein Patt eintreten" (Biedenkopfgutachten V/14);

„Die Kommission hat sich vor allem von der Erwägung leiten lassen, daß sich die Politik des Aufsichtsrates ungeachtet der sozialen und sozialpolitischen Bindungen des Unternehmens an der Rentabilität als der primären unternehmerischen Zielfunktion orientieren sollte ... tendenziell wird das Rentabilitätsinteresse stärker von den Anteilseignern geltend gemacht werden" (Biedenkopf V/15).

Der Vorschlag der Sozialausschüsse überwindet die Gefahr einer Pattstellung durch die Hereinnahme des dritten Faktors Management.

4. Modelle der F.D.P.

a) Thesen 3—7 des 2. Abschnitts des dritten Teils der Freiburger Thesen (sog. „Riemer"-Modell)[1]

(Auszug)

...

These 3

Zur Gewährleistung des erforderlichen Interessenausgleichs zwischen Kapital und Arbeit ist eine grundsätzlich gleichgewichtige Beteiligung beider Faktoren an den Entscheidungen der Unternehmensaufsicht in Großunternehmen vorzusehen.

Erläuterung

Angesichts des im Arbeitsverhältnis angelegten grundsätzlichen Interessendualismus von Kapital und Arbeit muß für das Kontrollorgan der Unternehmensspitze im Konfliktfall mit

[1] Die Freiburger Thesen der Liberalen, Mainz, 1972, S. 101 f.

einem gruppenmäßigen Abstimmungsverhalten seiner Mitglieder gerechnet werden. Das bedeutet, daß im Konflikt zwischen den Interessen der Kapitalgeber und der Arbeitnehmer die eine Seite sich über die spezifischen Interessen der anderen Seite hinwegsetzen könnte (etwa das Interesse an Gewinnerzielung hier, an Arbeitsplatzsicherheit dort), wenn sie grundsätzlich über die Stimmenmehrheit verfügt. Das spricht für eine paritätische Stimmverteilung auf die Vertreter beider Interessengruppen in der Unternehmensaufsicht. Sie allein setzt beide Seiten unter den erforderlichen Einigungszwang, der im Konfliktfall die Beteiligten zu akzeptablen Kompromissen nötigt.

Wenn so keine der beiden Seiten die andere überstimmen kann, steht sie schon im Vorfeld möglicher Interessenkonflikte unter dem Zwang zu rationaler Argumentation. Er nötigt zum Ernstnehmen der Gesichtspunkte des anderen und schließt den bei Disparität der Stimmverteilung möglichen Ersatz von Argumenten durch Majoritäten aus.

Eine solche für den Ausgleich der Interessen zwischen Anteilseignern und Arbeitnehmern funktionsgerechte Parität bringt andererseits jedoch die Gefahr einer Entscheidungsunfähigkeit des Unternehmens mit sich. Es muß deshalb Vorsorge dafür getroffen werden, daß auch in einer Patt-Situation zwischen Kapital und Arbeit die für das Unternehmensinteresse ingesamt erforderlichen Entscheidungen gefällt werden können.

Dies könnte dadurch geschehen, daß man in solchen Fällen einem neutralen Dritten die gleichsam schiedsrichterliche Stichentscheidung zuschiebt. Wie die Erfahrungen der Montanmitbestimmung mit der Institution eines solchen „Neutralen" zeigen, ist eine solche Einzelperson häufig nicht nur von ihrem Sachverstand her, sondern auch durch die Belastung mit der letztlichen Alleinverantwortung für eine solche streitige Unternehmensentscheidung überfordert. Auch ist nicht gesichert, daß bei ihrem Stichentscheid wirklich das Unternehmensinteresse im Ganzen, unter sachkundiger und interessengemäßer Gewichtung der widerstreitenden Gesichtspunkte, sich durchsetzt.

Darum bedarf es der Einführung eines dritten Faktors in den Entscheidungsprozeß, der im Falle eines Konflikts zwischen widerstreitenden Interessen der Kapitaleigner und Arbeitnehmer die im überwiegenden Unternehmensinteresse gebotene Entscheidung gewährleistet.

These 4

Zur Sicherstellung des überwiegenden Unternehmensinteresses im Falle eines Interessenkonflikts zwischen den Faktoren Kapital und Arbeit ist eine angemessene Beteiligung von leitenden Angestellten als Vertretern des Faktors Disposition in der Unternehmensaufsicht vorzusehen.

Erläuterung

Die Funktion eines kritischen Potentials, das Sachkunde in Fragen der Unternehmensführung mit Augenmaß für einseitige Gesichtspunkte reiner Kapitalgeberinteressen und reiner Arbeitnehmerinteressen vereint, vermögen am besten die schon heute weithin in diese Mittelfunktion zwischen Kapital und Arbeit gerückten sogenannten leitenden Angestellten wahrzunehmen.

Durch ihre besondere Sachkunde werden die leitenden Angestellten nicht nur zu einer Versachlichung der Atmosphäre in solchen Konfliktfällen zwischen Kapital und Arbeit beitragen. Sie werden in ihrer besonderen Interessengebundenheit an das Wohl und Wehe des Unternehmens als Ganzes dem langfristigen Unternehmensinteresse in einem Konfliktfalle durchgängig den Vorzug vor einem einseitigen und kurzfristigen, wenn nicht gar kurzsichtigen Kapitalgeber- oder Arbeitnehmerinteresse einräumen.

Entsprechend dem Gewicht, das man diesem Unternehmensinteresse bei einem Interessenkonflikt im Verhältnis von Kapitalgeberinteresse hier und Arbeitnehmerinteresse dort, ebenso wie der besonderen Sachkunde der leitenden Angestellten bei einer Konfliktlösung verleihen will, wird man dem Faktor Disposition ein verschiedenes Stärkeverhältnis gegenüber den beiden anderen geben.

These 5

Die Faktoren Kapital, Disposition und Arbeit sind nach den vorstehenden Prinzipien einer funktionsgerechten Mitbe-

stimmung an der Unternehmensaufsicht von Großunternehmen im Verhältnis 4 : 2 : 4 zu beteiligen.

Erläuterung

Aus den in These 1—4 niedergelegten Prinzipien einer funktionsgerechten unternehmerischen Mitbestimmung folgt eine Beteiligung der Faktoren Kapital, Disposition und Arbeit im Verhältnis 4 : 2 : 4.

Die Lösung geht von einer numerischen Parität der Vertreter der Kapitalgeber und Arbeitnehmer im Kontrollorgan der Großbetriebe aus, die beide Faktoren unter einem grundsätzlichen Einigungsdruck stellt, der in der weitaus überwiegenden Zahl der Fälle zu einvernehmlichen Entscheidungen führt. In den verbleibenden Konfliktfällen einer Patt-Situation zwischen den Faktoren Kapital und Arbeit muß im Interesse des Unternehmens eine Streitentscheidung gefunden werden, in der Gesichtspunkte der Sachkunde und des Interessenausgleichs den Vorrang vor einseitigen Kapitalgeber- und Arbeitnehmerinteressen haben. Daraus erwächst den Vertretern des Faktors Disposition die ihnen auch sonst zukommende Mittlerrolle in der Unternehmensaufsicht.

Ihre Lösungsvorschläge werden in der Regel nur eine Mehrheit finden, wenn sie von wenigstens der Hälfte der Vertreter der beiden anderen Faktoren unterstützt werden. Im Extremfalle ist im Interesse des Unternehmens jedoch auch die Entscheidung gegen das geschlossene Abstimmungsverhalten einer der beiden Interessengruppen möglich. Um auch vor einer solchen Streitentscheidung noch einen letzten Einigungszwang aufrechtzuerhalten, soll ein solcher Stichentscheid gegen eine der beiden Gruppen erst bei Wiederholung der Abstimmung möglich sein (vgl. These 9).

Andererseits sichert das Zahlenverhältnis 4 : 2 : 4 eine zureichende Mehrheit bereits der Faktoren Kapital und Arbeit für die Kontrollfunktion des Aufsichtsrates gegenüber der Unternehmensleitung.

Im Falle einer Stimmgleichheit, die bei einem unterschiedlichen Abstimmungsverhalten der Vertreter des Faktors Disposition eintreten kann, muß der Stichentscheid durch den Vorsitzenden erfolgen (vgl. These 9).

These 6

Der Faktor Disposition in der Unternehmensaufsicht setzt sich aus leitenden Angestellten des Unternehmens zusammen. Die Wahl erfolgt durch Mehrheitsentscheid der leitenden Angestellten.

Erläuterung

Es ist verschiedentlich vorgeschlagen worden, die Vertreter des Faktors Disposition im Aufsichtsrat durch Mehrheitsentscheid der beiden übrigen Gruppen oder des „Rumpfaufsichtsrates" als Ganzes zu kooptieren, unter Zuweisung des Vorschlagrechtes entweder an die engere Geschäftsführung (Vorstand) oder an die Vertreter des Faktors Kapital und Arbeit im Aufsichtsorgan für jeweils die Hälfte.

Alle diese Lösungen widersprechen dem Grundgedanken solcher Mitbestimmung von Vertretern des Faktors Disposition, bei denen es sich weder um zusätzliche Vertrauensleute der Faktoren Kapital und Arbeit noch um eigene Vertreter der Geschäftsführung im Kontrollorgan des Unternehmens handeln kann. Sie sind unternehmerisch sachverständige, weder auf die Seite Kapital noch Arbeit festgelegte Personen. Im Konfliktsfalle sind sie nicht nur an fairen Kompromissen zwischen Kapitalgebern und Arbeitnehmern interessiert, sondern darüber hinaus orientiert vor allem anderen an den Interessen des Unternehmens als Ganzem.

Einer solchen, ihrer eigenständigen Funktion entsprechend selbständigen Repräsentation der leitenden Angestellten im Kontrollorgan eines Großunternehmens entspricht am ehesten einer Wahl der leitenden Angestellten durch die Bezugsgruppe der leitenden Angestellten des eigenen Unternehmens.

These 7

Die Zurechnung zum Faktor Disposition als leitender Angestellter bestimmt sich nach den Regelungen des Betriebsverfassungsgesetzes. In die Unternehmensaufsicht gewählte lei-

tende Angestellte können nicht gleichzeitig der Geschäftsführung des Unternehmens angehören.

Erläuterung

Eine von unten nach oben strukturierte Organisation von Betrieb und Unternehmen fordert einheitliche Begriffsbestimmungen für die auf der betrieblichen und unternehmerischen Ebene tätigen Bezugsgruppen. Deshalb ist es für die Zurechnung der „leitenden Angestellten" zum Faktor Disposition zweckmäßig, an die entsprechende Funktionsabgrenzungen dieses Personenkreises im Betriebsverfassungsgesetz anzuknüpfen (vgl. Erläuterung zu These 4 der Thesen zur betrieblichen Mitbestimmung).

Angesichts der Kontrollfunktion der Unternehmensaufsicht über die Unternehmensleitung muß dabei, entgegen anderen Vorschlägen, ein passives Wahlrecht der in der Geschäftsführung mit der Repräsentation des Unternehmens nach außen und der Direktion des Betriebes nach innen beauftragten leitenden Angestellten ausscheiden. Sie führte zu einer funktionswidrigen „Kontrolle durch die Kontrollierten", ganz abgesehen von den in der Spitzengruppen der leitenden Angestellten schon nach den besonderen Anstellungsvoraussetzungen zunehmenden Abhängigkeit vom Vertrauen der Kapitalgeber.

Demzufolge können für eine Repräsentation des Faktors Disposition im Aufsichtsrat nur die leitenden Angestellten in Betracht kommen, die unterhalb von Unternehmensleitung und erweiterter Geschäftsführung, Direktionsgewalt im Betriebe ausüben, Arbeitgeberbefugnisse wahrnehmen usw.

b) Vorschlag der Programm-Kommission zum Freiburger Parteitag der F.D.P. von 1971 (sog. „Maihofer"-Modell)[1]

(Auszug)

...

3. Zur Gewährleistung des erforderlichen Interessenausgleichs zwischen Kapital und Arbeit ist eine grundsätzlich

[1] DLA 1971, Heft 9.

gleichgewichtige Beteiligung beider Faktoren an den Entscheidungen der Unternehmensaufsicht in Großunternehmen vorzusehen.

4. Zur Sicherstellung des überwiegenden Unternehmensinteresses im Falle eines Interessenkonflikts zwischen den Faktoren Kapital und Arbeit ist eine angemessene Beteiligung von leitenden Angestellten als Vertretern des Faktors Disposition in der Unternehmensaufsicht vorzusehen.

5. Die Faktoren Kapital, Disposition und Arbeit sind nach den vorstehenden Prinzipien einer funktionsgerechten Mitbestimmung an der Unternehmensaufsicht von Großunternehmen im Verhältnis 4 : 2 : 4 zu beteiligen.

... (wie Nr. 26)

5. Vorstellungen der Union leitender Angestellter

a) Die Union der leitenden Angestellten zur Mitbestimmung[1]

(Auszug)

...

d) Mitbestimmung

Eine der gegenwärtig drängenden Fragen ist der Komplex Mitbestimmung. Die ULA hat dazu grundsätzlich stets erklärt, sie werde nicht zusehen, daß andere ohne die leitenden Angestellten mitbestimmten. Damit hat die ULA bereits seit langem die Beteiligung der leitenden Angestellten in der Mitbestimmung verlangt.

Aufgrund der nunmehrigen Aktualität des Themas hat die ULA ihre Vorstellungen präzisiert. Die leitenden Angestellten verlangen eine eigene Beteiligung von angemessener Größe in jeder Mitbestimmungsregelung. Diese eigene Beteiligung muß unabdingbar durch selbstgewählte Vertreter der Gruppe der leitenden Angestellten gewährleistet sein.

Soziologische Forschungen und notariell beaufsichtigte Befragungen der ULA-Verbände haben übereinstimmend festge-

[1] Die ULA und ihre Verbände, Essen, 1973, S. 11 f.

stellt, daß nur eine verschwindende Minderheit der leitenden Angestellten ihre Interessen durch Gewerkschaften gewahrt sehen möchte. Wesentlicher Grund für diese Distanz der leitenden Angestellten zur Gewerkschaftsbewegung und ihrer Mitbestimmungsideologie ist deren überholte klassenkämpferische Konzeption. Seit über zwanzig Jahren tritt der Deutsche Gewerkschaftsbund für eine Mitbestimmungsregelung ein, die nur die Faktoren „Kapital" und „Arbeit" zur Kenntnis nimmt, ohne zu berücksichtigen, daß sich die industrielle Arbeitswelt heute ungleich differenzierter darstellt, als zur Zeit von Karl Marx. Weder wird das Kapital der Unternehmen ausschließlich oder auch nur noch wesentlich eingebracht von einer kapitalistischen Klasse, noch sind die Beschäftigten global einer Arbeiter-Klasse zuzuordnen, deren Repräsentanz es mehrheitlich zu wahren gelten könnte.

Eine zeitgemäße Mitbestimmungsregelung muß vielmehr auch diejenigen berücksichtigen, die ihre Ideen und ihre dispositive Begabung in das Unternehmen einbringen, und somit erst ein fruchtbares Zusammenwirken aller ermöglicht. Dieser von den leitenden Angestellten repräsentierte „dritte Faktor" steht von seiner Funktion her zwischen den Repräsentanten der Eigentümer und dem Gros der abhängig Beschäftigten. Trotz ihrer unternehmerischen Funktionen können die leitenden Angestellten nicht dem in der Mitbestimmung zu kontrollierenden, die Breitenverantwortung tragenden Vorstand gleichgesetzt werden, sondern sie sind als Träger der Tiefenverantwortung kontrollierender Teil.

Den ordnungspolitischen Vorstellungen der leitenden Angestellten entspricht eine Mitbestimmungsregelung, in der Vertreter der Eigentümer und der Nicht-Eigentümer bis zur Gleichzahl den Aufsichtsrat besetzen, wenn durch Stichentscheid der Eigentümerseite eine Patt-Situation aufgelöst werden kann. Die ULA ist der Auffassung, daß die Entscheidungsfähigkeit des Aufsichtsrates unter allen Umständen gewahrt werden muß, und es auch aus verfassungsrechtlichen wie haftungsrechtlichen Gründen unausweichlich ist, in Fällen unüberbrückbarer Gegensätze der Eigentümerseite die Möglichkeit zu lassen, die

Entscheidung herbeizuführen, aber auch schriftlich zu begründen. In einem Drei-Faktoren-Modell wird die Eigentümerseite von dieser Möglichkeit des begründeten Stichentscheids sicherlich nur in seltenen Ausnahmefällen Gebrauch machen. Schon die gegenwärtige Praxis der Aufsichtsräte zeigt, daß Entscheidungen selten durch (Kampf-) Abstimmungen herbeigeführt werden, sondern auf dem Wege des Kompromisses. Das wird erst recht der Fall sein, wenn die Eigentümer gegen ihre eigene Führungsmannschaft stimmen müßten, um ihre Vorstellungen durchzusetzen.

So wie die Auflösung der Patt-Situation durch Stichentscheid die Funktionsfähigkeit des Unternehmens sichern soll, so soll nach den Vorstellungen der ULA die Repräsentanz der Nicht-Eigentümer dadurch gesichert sein, daß nur Belegschaftsvertreter in den Aufsichtsrat gewählt werden dürfen, nicht dagegen ferngesteuerte Funktionäre. Die Belegschaftsvertreter — das gilt für die Vertreter der leitenden Angestellten ebenso wie für die diejenigen anderer Arbeitnehmer — müssen durch Zuständigkeit zur Betriebsgemeinschaft mit dem Schicksal des Unternehmens unmittelbar verbunden sein und dadurch ein Maximum an Sicherheit für eine interessengerechte Ausübung des Mitbestimmungsmandats bieten.

Die ULA fordert und befürwortet insgesamt ein Drei-Faktoren-Modell, das die Entscheidungsfähigkeit erhält, also Mitbestimmung ohne Lähmung bedeutet.

b) Mitbestimmung ohne Lähmung[1]

Die ULA befürwortet ein Drei-Faktoren-Modell, das die Entscheidungsfähigkeit des Aufsichtsrates sichert.

Die leitenden Angestellten verlangen eine eigene Beteiligung von angemessener Größe in jeder Mitbestimmungsregelung. Diese eigene Beteiligung muß unabdingbar durch selbstgewählte Vertreter der Gruppe der leitenden Angestellten gewährleistet sein. Mit diesem Grundsatzbeschluß ihres Direktoriums hat die Union der leitenden Angestellten ihre These bekräftigt,

[1] DLA 1973, Heft 1.

wonach die Führungskräfte der Wirtschaft nicht gewillt sind, eine Mitbestimmung zu dulden, die über ihre Köpfe hinweg, von einer Gewerkschaftsorganisation durchgesetzt und ausgeübt wird, die keinerlei Mandat hat, für leitende Angestellte zu sprechen.

Soziologische Forschungen und notariell beaufsichtigte Befragungen der ULA-Verbände haben übereinstimmend festgestellt, daß nur eine verschwindende Minderheit der leitenden Angestellten ihre Interessen durch Gewerkschaften gewahrt sehen möchte. Wesentlicher Grund für diese Distanz der leitenden Angestellten zur Gewerkschaftsbewegung und ihrer Mitbestimmungsideologie ist deren überholte klassenkämpferische Konzeption. Seit über zwanzig Jahren tritt der Deutsche Gewerkschaftsbund für eine Mitbestimmungsregelung ein, die nur die Faktoren „Kapital“ und „Arbeit“ zur Kenntnis nimmt, ohne zu berücksichtigen, daß sich die industrielle Arbeitswelt heute ungleich differenzierter darstellt, als zur Zeit von Karl Marx. Weder wird das Kapital der Unternehmen ausschließlich oder auch nur noch wesentlich eingebracht von einer kapitalistischen Klasse, noch sind die Beschäftigten global einer Arbeiter-Klasse zuzuordnen, deren Repräsentanz es mehrheitlich zu wahren gelten könnte.

Kontrollierender Teil

Eine zeitgemäße Mitbestimmungsregelung muß vielmehr auch diejenigen berücksichtigen, die ihre Ideen und ihre dispositive Begabung in das Unternehmen einbringen, und somit erst ein fruchtbares Zusammenwirken aller ermöglicht. Dieser von den leitenden Angestellten repräsentierte „dritte Faktor“ steht von seiner Funktion her zwischen den Repräsentanten der Eigentümer und dem Gros der abhängig Beschäftigten. Trotz ihrer unternehmerischen Funktionen können die leitenden Angestellten nicht dem in der Mitbestimmung zu kontrollierenden, die Breitenverantwortung tragenden Vorstand gleichgesetzt werden, sondern sie sind als Träger der Tiefenverantwortung kontrollierender Teil.

Stichentscheid der Eigentümer

Den ordnungspolitischen Vorstellungen der leitenden Angestellten entspricht eine Mitbestimmungsregelung, in der Vertreter der Eigentümer und der Nicht-Eigentümer bis zur Gleichzahl den Aufsichtsrat besetzen, wenn durch Stichentscheid der Eigentümerseite eine Patt-Situation aufgelöst werden kann. Die ULA ist der Auffassung, daß die Entscheidungsfähigkeit des Aufsichtsrates unter allen Umständen gewahrt werden muß, und es sich auch aus haftungsrechtlichen Gründen empfiehlt, in Fällen unüberbrückbarer Gegensätze der Eigentümerseite die Möglichkeit zu lassen, die Entscheidung herbeizuführen, aber auch schriftlich zu begründen. In einem Drei-Faktoren-Modell, wie es unter Berücksichtigung der ULA-Vorstellungen von der F.D.P. konzipiert worden ist, wird die Eigentümerseite von dieser Möglichkeit des begründeten Stichentscheids sicherlich nur in seltenen Ausnahmefällen Gebrauch machen. Schon die gegenwärtige Praxis der Aufsichtsräte zeigt, daß Entscheidungen selten durch (Kampf-)Abstimmungen herbeigeführt werden, sondern auf dem Wege des Kompromisses. Das wird erst recht der Fall sein, wenn die Eigentümer gegen ihre eigene Führungsmannschaft stimmen müßten, um ihre Vorstellungen durchzusetzen.

Keine ferngesteuerten Funktionäre

So wie die Auflösung der Patt-Situation durch Stichentscheid die Funktionsfähigkeit des Unternehmens sichern soll, so soll nach den Vorstellungen der ULA die Repräsentanz der Nicht-Eigentümer dadurch gesichert sein, daß nur Belegschaftsvertreter in den Aufsichtsrat gewählt werden dürfen, nicht dagegen ferngesteuerte Funktionäre. Die Belegschaftsvertreter — das gilt für die Vertreter der leitenden Angestellten ebenso wie für diejenigen anderer Arbeitnehmer — müssen durch Zugehörigkeit zur Betriebsgemeinschaft mit dem Schicksal des Unternehmens unmittelbar verbunden sein und dadurch ein Maximum an Sicherheit für eine interessengerechte Ausübung des Mitbestimmungsmandats bieten.

6. Aussagen prominenter Parteivertreter

a) Friedhelm Farthmann (SPD): SPD und Leitende[1]

Das Verhältnis der SPD zu den Führungskräften der Wirtschaft ist nicht frei von Belastungen. Man geht wohl nicht fehl in der Annahme, daß zumindest unter den Älteren dieser gesellschaftlichen Gruppe nur der kleinere Teil zu den Freunden und Wählern sozialdemokratischer Politik gerechnet werden kann. Dafür gibt es naheliegende Gründe. Neben Einflüssen der Ausbildung, des Elternhauses und der Tradition dürfen auch natürliche Interessengegensätze nicht übersehen werden. Während die SPD seit hundert Jahren die treibende Kraft bei Reformen, namentlich in der Gesellschaftspolitik, gewesen ist, haben sich die leitenden Angestellten überwiegend — ausdrücklich oder stillschweigend — zu den Privilegierten der überkommenen Gesellschaftsordnung gezählt und daher gemeint, bei Reformen jedweder Art zu den Verlierern gehören zu müssen.

Erfreulicherweise ist hier in jüngster Zeit ein spürbarer Wandel eingetreten. Das hat seine Ursache einmal darin, daß viele langjährige Forderungen der SPD inzwischen ihre moralische und politische Berechtigung erwiesen haben und deshalb selbst von Unternehmen und Managern akzeptiert oder sogar unterstützt werden. Zum anderen beginnt sich auch bei den leitenden Angestellten allmählich die Überzeugung durchzusetzen, daß sie sich in der Vergangenheit häufig vor den Karren fremder Interessen gespannt haben und daß viele der von SPD und Gewerkschaften erstrittenen Arbeitnehmerrechte im Grunde ihrer eigenen Interessenlage entsprechen.

Diese Entwicklung zu einem besseren Verständnis oder sogar zu einer ausgesprochenen Sympathie für sozialdemokratische Politik unter den Führungskräften der Wirtschaft ist im Zuge der Betriebsverfassung erneut belastet worden. Das verständliche Streben der leitenden Angestellten nach Mitwirkungs- und Mitbestimmungsrechten, die denen der übrigen Arbeitnehmer vergleichbar sind, ist von den besonderen Berufsorganisa-

[1] DLA 1972, Heft 9.

tionen der leitenden Angestellten — in schöner Übereinstimmung mit den Arbeitgeberverbänden — in dem Sinne interpretiert worden, neben dem Betriebsrat müsse eine eigene Interessenvertretung für diesen Teil der Arbeitnehmer geschaffen werden. Einem solchen Wunsche, der zu einer Spaltung der Arbeitnehmerschaft und zu einer Abwertung der Betriebsräte geführt hätte, konnte die SPD bei ihrer politischen Grundhaltung nicht zustimmen.

Wegen der kontroversen Auffassungen der verschiedenen politischen Gruppen ist in der Frage der Mitbestimmung der Leitenden auch nach dem neuen Betriebsverfassungsgesetz alles beim alten geblieben. Diese Rechtslage ist für die leitenden Angestellten außerordentlich mißlich, weil sie von den gesetzlichen Informations- und Mitspracherechten nach wie vor nicht erfaßt werden. Die teilweise auf freiwilliger Basis und auf äußerst zweifelhafter Rechtsgrundlage errichteten sogenannten Sprecherausschüsse bieten schon deshalb keinen gleichwertigen Ersatz, weil sie mit keinerlei durchsetzbaren Mitbestimmungsrechten ausgestattet sind.

Es wird daher eine wichtige Aufgabe des Gesetzgebers sein, diese Lücke bald zu schließen. In der SPD ist dazu die Bereitschaft vorhanden. Dabei ist man sich der Bedeutung der leitenden Angestellten, die für die Meinungsbildung in der Wirtschaft eine entscheidende Rolle spielen, durchaus bewußt. Deshalb wird es in der SPD nicht am guten Willen fehlen, der besonderen Situation und den spezifischen Interessen dieser Arbeitnehmergruppe soweit wie möglich Rechnung zu tragen. Dabei gibt es jedoch Grenzen, deren Überschreitung man von der SPD nicht erwarten kann. Jede dem Gemeinwohl verpflichtete Politik steht unter dem Prinzip der Solidarität. Solidarität bedeutet nicht Beteiligung partikularer Interessen, aber deren Einordnung in die Belange des Ganzen. Das gilt auch für die Betriebsverfassung, deren Sinn es ist, die Interessen aller Beschäftigten bei der Gestaltung des Betriebsablaufs zur Geltung zu bringen. Wenn sich die leitenden Angestellten dazu bereit finden könnten, ihre Vorstellungen an diesen Maßstäben auszurichten, wäre die SPD mit Sicherheit zu einer Novellierung des Betriebsverfassungsgesetzes bereit, durch die den Führungskräften eine wirksame Mitbestimmung gesichert würde.

b) Kurt Biedenkopf (CDU): Das Mitbestimmungsmodell vom September 1973

Auf dem Wege zur Unternehmensgemeinschaft — Diskussionsbeitrag für die Mitbestimmungsbeschlüsse der Partei

(Auszug)

...

2. *Aufsichtsrat*

Aufgabe des Aufsichtsrates ist die Überwachung des Vorstandes und die Sicherung der Zusammenarbeit von Anteilseignern und Mitarbeitern im Unternehmensverband. An der Fähigkeit des Aufsichtsrates, diese Funktion zu erfüllen, besteht nicht nur ein Interesse der beteiligten Gruppen, sondern ein allgemeines Interesse. Zusammensetzung, Arbeitsweise und Rechenschaftspflicht des Aufsichtsrates sollten deshalb gesetzlich geregelt werden, soweit die ordnungspolitischen und gesamtwirtschaftlichen Bezüge des Großunternehmens betroffen sind.

2.1 Zusammensetzung des Aufsichtsrates

Der Aufsichtsrat sollte nicht weniger als 12 und nicht mehr als 24 Mitglieder haben.

Die Hälfte der Mitglieder des Aufsichtsrates wird von der Versammlung der Anteilseigner gewählt. Verfügt ein Aktionär über eine Beteiligung von mehr als 25 %, so steht ihm ein Aufsichtsratsmandat zur Besetzung zu. Die Satzung könnte vorsehen, daß die Wahl der Anteilseignervertreter nach dem Verhältniswahlrecht erfolgt.

Die andere Hälfte der Mitglieder des Aufsichtsrates vertritt die Mitarbeiter des Unternehmens mit Ausnahme der Organmitglieder und ihnen gleichgestellte Personen (§ 105 AktG). Sie sollten sich zusammensetzen aus:

— den Vertretern der Mitarbeiter, die der Anwendung des Betriebsverfassungsgesetzes unterliegen

— einem Vertreter (bei 24 Aufsichtsratsmitgliedern 2 Vertreter) der Mitarbeiter, die der Anwendung des Betriebsverfassungsgesetzes nicht unterliegen (leitende Angestellte)

Die Vertretung der leitenden Angestellten im Aufsichtsrat von Großunternehmen ist erforderlich, nachdem die Reform des Betriebsverfassungsgesetzes diese Mitarbeitergruppe nicht in die Betriebsverfassung einbezogen hat, ihr vor allem in den Großunternehmen jedoch eine wesentliche Bedeutung zukommt.

— einem Vertreter der vermögensrechtlichen Interessen der Arbeitnehmer im Unternehmen (2 Vertreter, wenn der Wert der vermögensrechtlichen Interessen 10 % des Grundkapitals übersteigt)

Die vermögensrechtlichen Interessen der Arbeitnehmer (Betriebspensionfonds, sonstige Sozialfonds, stille Beteiligungen, Belegschaftsaktien usw.) sind bisher im Rahmen der Unternehmensorganisation nicht vertreten. Es handelt sich jedoch um wichtige, von Lohn- und Hierarchie-Interessen der Arbeitnehmer unterschiedliche Interessen an der Unternehmenspolitik und der Entwicklung des Unternehmens. Mit ihrer Repräsentation im Aufsichtsrat wird nicht nur diesem speziellen Interesse entsprochen. Zugleich wird damit die Entwicklung vom dualarbeitsrechtlichen zum gesellschafts- oder gemeinschaftsrechtlichen Verhältnis der Mitarbeiter zum Unternehmen eingeleitet.

Diesem Gesichtspunkt kommt angesichts der kollektiven Vermögenspolitik der SPD und des DGB entscheidende Bedeutung zu. Langfristiges Ziel muß es sein, die Legitimation der Mitarbeitervertreter im Aufsichtsrat stärker gesellschafts- oder gemeinschaftsrechtlich („Arbeitsparte") und weniger antagonistisch (dualer Arbeitsvertrag) zu begründen. Hier liegt die entscheidende Aufgabe einer Fortentwicklung des Unternehmensrechts auf dem Wege zur gemeinschaftsorientierten Unternehmensverfassung. Er wird durch den Vertreter der vermögensrechtlichen Interessen der Mitarbeiter im Aufsichtsrat eingeleitet.

2.2 *Wahl, Qualifikation und Unvereinbarkeitsprinzip*

(1) Anteilseignervertreter

Wahl durch Hauptversammlung. Vertritt eine Bank mindestens 25 % der Anteilseigner im Rahmen des Depotstimmrechts, so sollte kein Organmitglied oder Angestellter dieser Bank oder einer von ihr abhängigen Bank in den Aufsichtsrat entsandt werden dürfen. Der Bankenvertreter im Aufsichtsrat soll sich nicht durch die Ausübung des Depotstimmrechts durch seine Institution selbst kontrollieren (Grundsatz der Unvereinbarkeit von Amt und Mandat).

(2) Mitarbeitervertreter

— Wahl der Vertreter der Mitarbeiter, die dem Betriebsverfassungsgesetz unterliegen, nach den Vorschriften dieses Gesetzes. Die Hälfte der Vertreter der Mitarbeiter sollte aus dem Unternehmen stammen. Bezüglich der anderen Hälfte können die Mitarbeiter zwischen unternehmensangehörigen und unternehmensfremden Vertretern wählen. Für die Unternehmensfremden haben der Betriebsrat und die Gewerkschaft, in deren Tarifhoheit das Unternehmen fällt, ein Vorschlagsrecht.

  Alle Vertreter der Mitarbeiter im Aufsichtsrat sollten von der Belegschaft oder ihren Gruppen gewählt werden. Dies muß auch für unternehmensfremde Vertreter im Aufsichtsrat gelten. Ein Delegationsrecht der Gewerkschaften oder ein ausschließliches Nominationsrecht, welches in der Wirkung einem Delegationsrecht entspricht, ist mit dem Demokratieanspruch des Unternehmensrechts unvereinbar. Da nicht alle Arbeitnehmer in der Gewerkschaft organisiert sind, fehlt der Gewerkschaft im übrigen die rechtliche Legitimation, ein Delegations- oder ausschließliches Nominationsrecht für alle betroffenen Mitarbeiter auszuüben.

— Wahl des Vertreters der leitenden Angestellten sollte durch die leitenden Angestellten, evtl. auf Vorschlag des Sprecherausschusses erfolgen. Die Gruppenwahl durch die leitenden

Angestellten entspricht der Entscheidung des Gesetzgebers, die Gruppe der leitenden Angestellten nicht in das Betriebsverfassungsgesetz einzubeziehen.

Der Vertreter der leitenden Angestellten kann kein leitender Angestellter des betreffenden Unternehmens oder eines von diesem abhängigen Unternehmens sein. Auch hier gilt der Grundsatz der Unvereinbarkeit von Funktion und Kontrolle.

— Wahl des Vertreters der vermögensrechtlichen Interessen der Mitarbeiter durch die Fondsversammlung, durch die Versammlung der Belegschaftsaktionäre oder durch beide Gremien; bis zur Einrichtung der Fondsversammlung Wahl durch den Betriebsrat, evtl. im Einvernehmen mit den Arbeitnehmervertretern in den Einrichtungen, die in den Betriebsfonds überführt werden sollen.

Der Vertreter der Vermögensinteressen der Mitarbeiter im Aufsichtsrat sollte in besonderem Maße befähigt sein, wirtschaftliche Interessen wahrzunehmen.

Sämtliche Aufsichtsratsmitglieder dürfen in nicht mehr als einem weiteren Aufsichtsrat eines Unternehmens tätig sein, das der qualifizierten Mitbestimmung unterliegt. Dadurch werden Konzentrationen durch Ämterhäufungen vermieden und die Mitwirkungschancen in den Aufsichtsräten von Großunternehmen vermehrt.

...

c) Hans Katzer (CDU): Die Leitenden anerkennen[1]

Die leitenden Angestellten verdanken ihre Position in Deutschland nicht Herkunft, nicht Vermögen, auch nicht allein ihrer Ausbildung, sondern ihrer beruflichen Leistung. Es genügt aber nicht, daß die Gesellschaft die Leistung der Leitenden fordert und annimmt, ohne auch ihre Stellung anzuerkennen. Dies gilt für die Stellung im Betrieb, im Unternehmen ebenso, wie ganz generell für die Anerkennung in der Gesellschaftsordnung. Schöne Worte allein genügen hier nicht. Die Leiten-

[1] DLA 1972, Heft 11.

den verlangen verständlicherweise rechtliche und institutionelle Absicherungen ihrer Position. Die CDU ist bereit, diesem Verlangen zu entsprechen.

Auf betrieblicher Ebene hat die CDU/CSU-Bundestagsfraktion in ihrem Gesetzentwurf zur Mitbestimmung der Arbeitnehmer in Betrieb und Unternehmen (BT-Drucksache VI/1806) Sprecherausschüsse der leitenden Angestellten vorgesehen. Wir sind der Meinung, daß die Vertretung der leitenden Angestellten durch ein im Gesetz vorgesehenes Organ erfolgen soll. Die CDU/CSU wird daher an dieser Forderung auch in der kommenden Legislaturperiode festhalten. Daß dieser Weg richtig ist, zeigt die Entwicklung in der Praxis. So haben sich Sprecherausschüsse durch freiwillige Vereinbarung mit den Arbeitgebern bereits vielfach, insbesondere im Bereich der chemischen Industrie, gebildet.

Ich trete mit Nachdruck dafür ein, daß die Vertretung der leitenden Angestellten durch den Gesetzgeber die notwendigen Kompetenzen erhält. Dazu rechne ich

die Befugnis zur Vereinbarung von Richtlinien, die für das Individualarbeitsverhältnis unmittelbare und normative Wirkung haben, insbesondere über Bandbreiten der Dienstbezüge, Gehaltfortzahlungen im Krankheitsfall oder Todesfall, Unfallversicherung, betriebliche Altersversorgung, Sozialpläne,

Initiativrecht zur Überprüfung des Individualarbeitsvertrages auf Antrag eines leitenden Angestellten; hierbei Begründungszwang des Arbeitgebers,

Beteiligung bei jeder ordentlichen Kündigung; bei Ausbleiben — Unwirksamkeit der Kündigung,

Informationsrecht bzw. -verpflichtung über wirtschaftliche Lage und Entwicklung des Unternehmens sowie über Arbeitsplatzentwicklung für leitende Angestellte und Nachwuchsplanung; Mitwirkung bei der Arbeitsplatzanalyse für leitende Angestellte.

Diese Sprecherausschüsse sollten nicht als eine Gegenmacht zum Betriebsrat konzipiert sein. Der erwähnte CDU/CSU-

Gesetzentwurf hat daher Regeln für eine gegenseitige Kooperation vorgesehen, insbesondere regelmäßige gemeinsame Sitzungen und das Recht beider Organe, den Vorsitzenden des anderen Organs zu den eigenen Sitzungen hinzuzuziehen.

Das im Jahre 1971 verabschiedete Betriebsverfassungsgesetz zeigt, daß es bei Fortsetzung der sozial-liberalen Koalition weiterhin keine Vertretung der leitenden Angestellten geben wird. Hier stehen sich die Programme der beiden Koalitionsparteien mit Qualitätsunterschieden gegenüber, die nicht zu einem Kompromiß gebracht werden können. Die Folge ist, daß die leitenden Angestellten im Betriebsverfassungsgesetz ausgeklammert bleiben.

Einen gleichen Vorgang sehen wir auf Unternehmensebene. Die CDU hat Verständnis dafür, daß die leitenden Angestellten auch im Aufsichtsrat vertreten sein wollen. Der Aufsichtsrat entwickelt sich mehr und mehr zu einem Organ, das nicht allein der Kontrolle des Vorstandes dient, sondern in dem auch wichtige unternehmenspolitische Weichenstellungen erfolgen. Ebenso wie Arbeiter und Angestellte hier mitsprechen können müssen, haben auch die leitenden Angestellten hieran ein berechtigtes Interesse. Auch hier sollten die leitenden Angestellten wissen, daß Fortschritte für sie bei Fortsetzung der sozial-liberalen Koalition nicht zu erwarten sind, weil die SPD-Vorstellungen eine Berücksichtigung der Gruppe der leitenden Angestellten im Aufsichtsrat nicht vorsehen. So hat denn der stellvertretende Vorsitzende der FDP Wolfgang Mischnick erklärt, daß die Mitbestimmung auf Unternehmensebene auch in der nächsten Legislaturperiode keine Chance der Verwirklichung habe. Er schloß eine gesetzliche Regelung sogar für den Fall aus, daß sich die FDP bei einem späteren Parteitag den Vorstellungen der SPD annähern sollte.

Wenn die CDU sich für die Anerkennung der Stellung der leitenden Angestellten einsetzt, so tut sie dies, um einer wichtigen Gruppe in unserer Gesellschaft den ihr zukommenden Platz zuzuerkennen. Wer nicht sieht, daß sachbezogenes Handeln der wirtschaftlichen Führungskräfte den Weg, den wir gehen werden, wesentlich bestimmt, hat die Probleme einer modernen Industriegesellschaft nicht verstanden.

d) Karl Hermann Flach[1] (F.D.P.): Träger des Fortschritts[2]

Kennzeichnend für die Entwicklung der modernen Industriegesellschaft ist die rasch wachsende Zahl und die zunehmende Bedeutung der leitenden Angestellten für die gesamte Gesellschaft. Die leitenden Angestellten setzen sich zusammen aus hochqualifizierten, häufig akademisch vorgebildeten Experten der verschiedensten Berufszweige wie Ingenieuren, Naturwissenschaftlern und Kaufleuten, und sie üben ihre Funktion mit der durch die Ausbildung gestärkten Erwartung aus, im Rahmen ihrer Tätigkeit eine gewisse Autonomie beanspruchen zu können. Von ihrer beruflichen Vorbildung und Praxis her sind sie auf Teamarbeit eingestellt. Sie neigen aufgrund ihrer Fachorientierung zu der Auffassung, daß die Autorität des Sachverstandes Vorrang vor der Autorität der Stellung haben müsse. Dementsprechend sind die leitenden Angestellten schwer in ein System hierarchischer Weisungen einzuordnen; die ihnen gemäße Entscheidungsform liegt vielmehr in der Diskussion und Abstimmung im Kreis der Sachverständigen. Diese, die leitenden Angestellten weithin charakterisierenden Einstellungen und Verhaltensweisen prädestinieren sie, in der gesellschaftlichen Entwicklung der Bundesrepublik auch als soziale Gruppe eine aktive Rolle mit wachsendem Gewicht zu spielen. Auch in der Ausprägung ihres gesellschaftlichen Selbstverständnisses sollte sie sich auf diese Rolle vorbereiten.

An den Schalthebeln wirtschaftlicher und gesellschaftlicher Macht sitzend, stellen die leitenden Angestellten in unserer Gesellschaft jene Gruppe dar, von denen die langfristige Gestaltung unserer Zukunft entscheidend abhängt. In der Reichweite ihrer Entscheidungen, in ihrem Beitrag zur wissenschaftlichen, technischen, wirtschaftlichen und sozialen Innovation unterscheiden sie sich von nahezu allen anderen gesellschaftlichen Gruppen. Sie sind die Gruppe, die wie keine andere imstande

[2] DLA 1972, Heft 10.

ist, das Gesicht der Zukunft unseres Landes zu prägen — im Positiven wie im Negativen. Das bürdet den leitenden Angestellten eine besondere gesellschaftliche Verantwortung auf, die weit über die unmittelbare Verantwortlichkeit an ihrem Arbeitsplatz hinausgeht. Diese Erkenntnis bildet den Ausgangspunkt für die Politik der F.D.P. gegenüber den leitenden Angestellten.

Die leitenden Angestellten sind keine Selbständigen kraft eigenen Kapitals, jedoch ihrer Leistung nach. Sie ähneln dem Typ des Unternehmers mit beschränkter Haftung. Arbeitsrechtlich betrachtet sind die leitenden Angestellten Arbeitnehmer, denn mit ihm teilen sie die soziale Unsicherheit ihrer Existenz. Sie sind abhängig beschäftigt und kündbar. Dieser Doppelaspekt ihrer Rolle macht sie zu einem kritischen Potential in den allgemeinen Arbeitgeber-Arbeitnehmerbeziehungen. Ihre umfangreichen Dispositionschancen und die an sie gestellten Qualifikationsanforderungen entwickeln bei den leitenden Angestellten weithin eine Sachkunde, die Augenmaß gegenüber reinen Kapitalinteressen mit Augenmaß gegenüber reinen Arbeitnehmerinteressen verbindet. Diese spezifische Sachkunde sollte im Interesse der Unternehmen und ihrer Belegschaften durch die Mitwirkung der leitenden Angestellten bei wichtigen Entscheidungen in den Führungsorganen der Unternehmen aktiviert und gesichert werden.

Die Freien Demokraten haben deshalb in ihrem Freiburger Modell liberaler Unternehmensmitbestimmung eine gesonderte Repräsentanz der schon heute weitgehend in der Mittlerrolle zwischen Kapitaleignern und Arbeitnehmern fungierenden leitenden Angestellten vorgeschlagen, so auch Sprecherausschüsse. Nicht nur durch ihre besondere Sachkunde können sie am ehesten zu einer Versachlichung der Atmosphäre in Konfliktfällen beitragen. Vielmehr werden sie auch durch ihre besondere Interessengebundenheit an das Wohl und Wehe des Unternehmens als Ganzes im Konfliktfalle dem langfristigen Unternehmensinteresse den Vorzug geben vor einem einseitigen und kurzfristigen Kapitalgeber- und Arbeitnehmerinteresse.

Das für die Beteiligung von Kapital, Arbeit und Disposition im Kontrollorgan von Großunternehmen vorgeschlagene Verhältnis von 6 : 4 : 2 trägt dabei — zusammen mit dem Ausschluß der Möglichkeit einer Majorisierung der Unternehmensangehörigen — dem doppelten Aspekt der Rolle der leitenden Angestellten besonders Rechnung. Der Vorschlag der Freien Demokraten ist geeignet, und das ist das übergeordnete Ziel, soziale Konflikte zu entschärfen und damit eine solidare Basis für eine fortschrittliche Entwicklung in unserem Lande zu gewinnen.

7. Leitende als Kollektiv unerwünscht

Interview mit Otto A. Friedrich (VDA) vom September 1972[1]

...

DLA: Über den Charakter der ULA-Verbände — ob Gewerkschaften oder nicht Gewerkschaften — kann man vielleicht verschiedener Meinung sein und ist man in den Verbänden auch verschiedener Meinung. Auf jeden Fall muß aber doch ein Verband leitender Angestellter als Kollektiv die Interessen seiner Mitglieder im gesellschaftspolitischen Raum ebenso wahrnehmen, wie er betrieblichen Sprecherausschüssen auf ihrer Ebene Rückhalt gibt. Wir meinen also schon, daß hier in jedem Falle eine kollektive Interessenvertretung vorgenommen wird, die sich auf betrieblicher Ebene auch schwerlich auf die Dauer nur damit zufrieden geben würde, besser informiert zu werden und gewisse Unzufriedenheiten formulieren zu dürfen.

O. A. Friedrich: Ist das nicht ein Streit um Begriffe? Unter kollektivem oder kollektivistischem Denken und Handeln verstehen wir ein Abstandnehmen von der für die leitenden Angestellten typischen individuellen Meinungsäußerung. Die leitenden Angestellten werden sich naturgemäß untereinander abstimmen und in Sprecherausschüssen artikulieren, aber das geht doch nicht soweit, daß die individuellen Interessen der leitenden Angestellten gewissermaßen hinter deren kollektiver

[1] DLA 1972, Heft 10.

Vertretung zurücktreten. Wir wollen sehr betont Sprecherausschüsse und haben uns damit auch bei solchen Kräften im Unternehmerlager durchzusetzen vermocht, die nicht positiv zu dieser Konzeption standen. Was wir aber auf Unternehmerseite allgemein für falsch halten, ist eine kollektivistische, sprich gewerkschaftliche Vertretung.

Wider den Geist einheitlicher gewerkschaftlicher Organisation

DLA: Steht hinter dem vermeintlichen Streit um Begriffe nicht auch die Frage nach den Kompetenzen solcher Institutionen. Sie wissen, daß die Gewerkschaften die existierenden Sprecherausschüsse leitender Angestellter damit abzuwerten versuchen, daß sie auf die fehlende gesetzliche Legitimation verweisen, sowie auf die angeblich mangelhaften Kompetenzen. Meinen Sie, daß man auf die Dauer den Vertretungen leitender Angestellter für ihren Bereich ähnliche Kompetenzen wird verweigern können, wie sie der Betriebsrat für die übrigen Arbeitnehmer hat?

O. A. Friedrich: Zurückversetzt in meine Stellung als leitender Angestellter vor vielen Jahren würde ich sie nicht wünschen. Ich würde mich nicht durch eine Art Gewerkschaft vertreten wissen wollen. Die Vereinbarungen, die wir mit der ULA getroffen haben, sehen ja vor, daß die Sprecherausschüsse auch Richtlinien vereinbaren können, die die Unternehmensleitungen bei der Gestaltung der individuellen Verträge berücksichtigen sollen. Daneben bleiben die leitenden Angestellten aber doch so sehr Eigenpersönlichkeiten, daß der Gedanke, sich kollektivistisch zu organisieren und damit in einer Art Gewerkschaft aufzugehen, nicht im Interesse der Sache läge. Ich würde auch glauben, daß solcherart organisierte leitende Angestellte mit einer gewissen Aussicht auf Erfolg von den Gewerkschaften bekämpft werden würden mit dem Argument, daß, wenn es sich schließlich und endlich um die Herausbildung von gewerkschaftlichen Organisationen handelt, dies dem Geist und Inhalt einheitlicher gewerkschaftlicher Organisation zuwiderläuft, wie wir sie heute haben. Der Hauptgesichtspunkt, den die Gewerkschaften uns gegenüber immer vertreten haben, ist die Einheit der gewerkschaftlichen Vertretung.

DLA: Dem wäre aber doch wohl entgegenzuhalten, daß wir außerhalb der Einheitsgewerkschaft selbständige Gewerkschaftsorganisationen von Beamten und Angestellten haben, und daß die leitenden Angestellten naturgemäß erst in diesem Stadium gesellschaftlicher und industrieller Entwicklung zu einem Selbstverständnis finden. Wollen Sie ihnen ernsthaft das Recht auf eine eigene, außerhalb der Einheitsgewerkschaft begründete Interessenvertretung abstreiten? Wollen Sie einer Machtaufteilung zwischen Arbeitgebern und Einheitsgewerkschaft im Betrieb das Wort reden?

O. *A. Friedrich:* Erstens kann man nicht von einer Machtaufteilung zwischen Arbeitgebern und Einheitsgewerkschaft im Betrieb sprechen. Die Arbeitgeber und die gewählten Vertreter der Arbeitnehmer nehmen die ihnen zukommenden Funktionen im Betriebe wahr. Zum anderen stellen natürlich Zusammenschlüsse von leitenden Angestellten an sich schon Interessenvertretungen dar; sie haben aber keinen gewerkschaftlichen Charakter und sollten ihn auch unseres Erachtens im eigenen Interesse nicht anstreben. In diesem Zusammenhang haben wir uns ja mit der ULA über die Bildung von Sprecherausschüssen geeinigt.

DLA: Sie haben in den angesprochenen Publikationen Ihr Verständnis dafür geäußert, daß die leitenden Angestellten den Wunsch haben, an den Entscheidungsprozessen auf höchster Ebene beteiligt zu sein. Die Institutionalisierung einer Mitbestimmung der leitenden Angestellten im Aufsichtsrat haben Sie jedoch abgelehnt. Bedeutet das nicht in der Praxis, daß die leitenden Angestellten im Gegensatz zu allen übrigen Arbeitnehmern in keinem Entscheidungsorgan repräsentiert sein würden, nicht im Vorstand und nicht im Aufsichtsrat, und daß sie damit doppelt kontrolliert werden, nämlich durch den Vorstand und den (mitbestimmten) Aufsichtsrat?

„Leitende gehören nicht in den Aufsichtsrat"

O. *A. Friedrich:* Der Aufsichtsrat kontrolliert die leitenden Angestellten nicht und befaßt sich auch nicht mit ihren Tätigkeiten im einzelnen. Er setzt sich auseinander mit dem gesetzlichen Vertretungsorgan des Unternehmens und das ist der

Vorstand. Der Aufsichtsrat hat im deutschen System des Aktienrechts keine Exekutivgewalt. Er kann genehmigen oder nicht genehmigen, er kann Änderungen wünschen oder verwerfen, aber er ist nicht eigentliches Entscheidungsorgan. Wohl entscheidet er über die Besetzung des Vorstandes, in einer Reihe von Unternehmen wohl auch über die Ernennung von Prokuristen, aber es wird zuviel in die Problematik hinein interpretiert, wenn man die leitenden Angestellten zwischen zwei kontrollierende Instanzen gestellt sieht. Andererseits arbeiten die leitenden Angestellten aufgrund ihrer Funktionen und ihres Spezialwissens so eng mit dem Vorstand zusammen, daß es unzuträglich wäre, ihnen eine Kontrollfunktion via Aufsichtsrat über den Vorstand zuzuerkennen.

DLA: Wäre das Dilemma der doppelten Kontrolle einerseits und der Überschneidung von Leitungs- und Kontrollfunktionen nicht durch eine Befangenheitsklausel dergestalt zu regeln, daß im konkreten Fall der Befangenheit eines leitenden Angestellten seine Mitwirkung an entsprechenden Aufsichtsratsbeschlüssen verhindert wird.

O. *A. Friedrich:* Ich halte es nicht für möglich, daß man im Aufsichtsrat Befangenheitsklauseln wirksam werden lassen kann, durch die ein Mitglied des Aufsichtsrates in bestimmten Fragen nicht aktiv wird. Das widerspricht nach meinem Urteil auch der Gesamtverantwortung, die jedes Aufsichtsratsmitglied für seine Mitwirkung zu übernehmen hat.

DLA: Sie kennen die politisch relevanten Aufsichtsrats-Modelle, also 6 : 6; 6 : 5; 6 : 2 : 4; 4 : 2 : 4. Das 6 : 6 Paritätsmodell mit der Möglichkeit die Eigentümerseite zu blockieren und zugleich die Entscheidungsmöglichkeit, stößt auch bei der ULA auf stärkste Bedenken. Die ULA muß jedoch auf Arbeitgeberseite Verständnis dafür erwarten, daß die leitenden Angestellten so oder so eine Repräsentanz im Aufsichtsrat fordern, um nicht ausschließlich Betroffener statt Teilhaber der Mitbestimmung zu werden. Könnten Sie sich nicht vorstellen, daß eine Mitwirkung der leitenden Angestellten an den Aufsichtsratsbeschlüssen segensreich zugleich für die wirtschaftlichen Interessen des Unternehmens als auch für die sozialen Bedürfnisse der Mitarbeiter sein könnte?

O. A. Friedrich: Sie könnten ebenso fragen, ob nicht ein Vorstandsmitglied, das befähigt ist, im ganzen zu denken, eine segensreiche Wirkung im Aufsichtsrat entfalten könnte; aber es widerspricht dem klaren Prinzip des deutschen Aktienrechts, daß dem Aufsichtsrat neben seiner Kontrollfunktion irgendeine Exikutivgewalt zukommt. Insofern widerspricht das Argument von der Mitwirkungsmöglichkeit leitender Angestellter im Aufsichtsrat ebenso wie beim Vorstand der Funktion, die dem Aufsichtsrat nach dem deutschen Aktienrecht vorbehalten ist, es sei denn, man wolle es zum Bruch mit dem bestehenden Recht kommen lassen und auf das angelsächsische Board-System einschwenken.

8. Leitende Angestellte morgen — gesellschaftspolitische Vorstellungen über ihren zukünftigen Standort[1]

von Franz Salzer

(Auszug)

...

Auch im Rahmen der *Unternehmensverfassung* sollten für die Gruppe der leitenden Angestellten angemessene und vertretbare Lösungen gefunden werden. Ebenso wie die leitenden Angestellten eine eigenständige Interessenvertretung in der betrieblichen Ordnung anstreben, sollte bei der Erörterung der Fragen über die Mitbestimmung überlegt werden, inwieweit ihnen ein eigenständiger Platz in der Unternehmensordnung eingeräumt werden muß.

Mitbestimmung auf Unternehmensebene sollte nach den Zielvorstellungen darin bestehen, die Persönlichkeitsrechte der Betriebsangehörigen gegenüber dem Organ, das rechtlich unternehmerische Entscheidungen zu treffen hat — in der Aktiengesellschaft ist das der Vorstand — zur Geltung zu bringen.

[1] (Nicht veröffentlicht).

Der Anspruch auf Mitbestimmung und damit auf Selbstverwirklichung der Person ist fundiert in den Wertvorstellungen unseres Grundgesetzes über die Rechte der Person. Andererseits darf nicht übersehen werden, daß ein Unternehmen den primären Zweck hat, eine Wirtschaftseinheit zu sein. Auch die Gesichtspunkte der Eigentumsordnung, ebenfalls verfassungsrechtlich geschützt, müssen deswegen bei einem ausgewogenen Modell der Mitbestimmung berücksichtigt werden. Weder das Eigentum noch die Mitbestimmungsrechte sollten allerdings so ausgestaltet sein, daß der innere Wert des jeweils entgegenwirkenden Prinzips dabei ausgehöhlt würde.

Wenn die leitenden Angestellten Teil der Unternehmensführung sind, so kann dennoch nicht einfach gesagt werden, daß sie im Rahmen der Mitbestimmung ebenso zu sehen sind wie die gesetzlichen Vertreter einer Kapitalgesellschaft. Die Rechtsordnung gibt beispielsweise dem Vorstand einer Aktiengesellschaft eine Rechtsstellung, die anders zu bewerten ist als die der leitenden Angestellten, auch wenn die Betrachtungsweise in erster Linie von der Funktion aus vorgenommen wird. Die Befugnis zur Geschäftsführung und damit auch die Verantwortung für die unternehmerischen Entscheidungen liegt nach dem Gesetz allein beim Vorstand. Von dieser Sicht aus liegt es nahe, den leitenden Angestellten ebenfalls ein eigenes Mitbestimmungsrecht einzuräumen, das sich neben den Vertretern des Kapitals und der Arbeitnehmer als eigenständiger Faktor zur Geltung bringen kann. Damit würde auch anerkannt werden, daß die im Unternehmen tätigen dispositiven dynamischen und schöpferischen Kräfte, wie sie die leitenden Angestellten darstellen, eine besondere Bedeutung haben, die auch im Rahmen der Mitbestimmung zum Ausdruck kommen muß.

Eine solche Anerkennung würden den Ordnungsvorstellungen der leitenden Angestellten gerecht werden. Ihr Anliegen ist es nicht, die Mitbestimmung als Ansatzpunkt für „systemüberwindende Reformen“ zu sehen oder gar zu fördern.

Vielmehr soll in den Möglichkeiten der Mitbestimmung nach unserer Auffassung ein Ansatzpunkt für eine stabilisierende und systemoptimierende Ausgestaltung unserer bestehenden grundgesetzlich gesicherten Wertordnung weiterentwickelt werden.

...

9. Beschluß der SPD/F.D.P.-Fraktion vom 22. Januar 1974

I. Geltungsbereich

1. Unternehmen: Die Mitbestimmungsregelung gilt für alle Unternehmen, die in der Rechtsform eine AG, KGaA, GmbH, einer bergrechtlichen Gewerkschaft mit eigener Rechtspersönlichkeit, eines Versicherungsvereins auf Gegenseitigkeit, einer Erwerbs- und Wirtschaftsgenossenschaft oder einer KG in Form einer GmbH & Co betrieben werden und die mehr als 2000 Arbeitnehmer beschäftigen.

Bei der KG in Form einer GmbH & Co findet die Mitbestimmung im Aufsichtsrat der GmbH statt; die Arbeitnehmer der KG gelten als Arbeitnehmer der GmbH.

2. Konzerne: Die Mitbestimmungsregelung gilt auch für das herrschende Unternehmen eines Konzerns (Paragraph 18 Abs. 1 Aktiengesetz), a) wenn das herrschende Unternehmen in der Form einer Kapitalgesellschaft (einschließlich einer KG in Form einer GmbH & Co) betrieben wird und b) wenn die Konzernunternehmen insgesamt mehr als 2000 Arbeitnehmer beschäftigen.

Die Arbeitnehmer der Konzernunternehmen gelten insoweit als Arbeitnehmer des herrschenden Unternehmens.

3. Montanmitbestimmung: Sie bleibt bestehen.

4. Mitbestimmung nach dem Betriebsverfassungsgesetz 1952: Sie bleibt im Restbereich erhalten.

II. Aufsichtsrat

1. Größe und Struktur des Aufsichtsrates:

a) Es ist von einem Grundmodell von 20 Mitgliedern auszugehen. Für kleinere Unternehmen kommt für die Größe des

Aufsichtsrates eine Abstufung in Betracht. Jedoch bleibt die Struktur des Aufsichtsrats für alle Unternehmensgrößen gleich.

b) Auf die Rechte und Pflichten des Aufsichtsrats bei mitbestimmten Unternehmen, die nicht in der Form einer Aktiengesellschaft oder einer Kommanditgesellschaft auf Aktien betrieben werden, finden die Vorschriften des Aktiengesetzes über den Aufsichtsrat sinngemäß Anwendung.

2. *Neutrales Mitglied im Aufsichtsrat:*

Auf den 21., 15. oder 11. Mann im Aufsichtsrat wird verzichtet.

3. *Zusammensetzung des Aufsichtsrats:*

a) Grundsatz: 10 Mitglieder der Anteilseigner und 10 Mitglieder der Arbeitnehmer.

b) Arbeitnehmerbank: 7 Arbeitnehmer, die in den Betrieben des Unternehmens beschäftigt sind; 3 Vertreter der in den Betrieben des Unternehmens vertretenen Gewerkschaften.

4. *Vorsitzender des Aufsichtsrats; Stichentscheid:*

a) Vorsitzender:

— Der Aufsichtsrat wählt je aus der Gruppe der Anteilseigner und der Gruppe der Arbeitnehmer den Vorsitzenden und den stellvertretenden Vorsitzenden;

— einigt sich der Aufsichtsrat mit zwei Drittel seiner Stimmen auf den Vorsitzenden und den stellvertretenden Vorsitzenden, so sind diese für die Dauer der Amtszeit des Aufsichtsrats gewählt;

— wird die Zwei-Drittel-Mehrheit nicht erreicht, so wechseln der Vorsitz und der stellvertretende Vorsitz während der Amtszeit des Aufsichtsrats regelmäßig zwischen den beiden Gruppen, im Zweifel — wenn die Geschäftsordnung des Aufsichtsrats keinen anderen Zeitraum bestimmt — jährlich.

b) Stichentscheid:

Ergibt sich bei einer Abstimmung Stimmengleichheit, so erhält der Aufsichtsratsvorsitzende für die zweite Abstimmung einen Stichentscheid, wenn dies von der Anteilseigner- und der Arbeitnehmerbank — jeweils mit Stimmenmehrheit der einzelnen Bank — beschlossen wird.

III. Wahl der Arbeitnehmervertreter im Aufsichtsrat

1. Grundsatz: Die Wahl aller Arbeitnehmervertreter erfolgt durch Wahlmänner.

2. Wahlmänner:

a) Ermittlung der Zahl der Wahlmänner: Zur Ermittlung der Zahl der Wahlmänner wird eine Schlüsselzahl festgesetzt (zum Beispiel: auf je 60 Arbeitnehmer entfällt ein Wahlmann). In größeren Betrieben kann die Schlüsselzahl in Abhängigkeit zur Gesamtbelegschaft steigen. In Großbetrieben kann die Schlüsselzahl durch eine Stimmenkumulierung noch weiter eingeschränkt werden.

b) Wahl der Wahlmänner: Aufgrund der Schlüsselzahl werden die zu besetzenden Wahlmännerplätze auf die Arbeiter, die Angestellten und die leitenden Angestellten entsprechend ihrem Stärkeverhältnis im Unternehmen (jedoch Minderheitenschutz) verteilt. (Leitende Angestellte im Sinn der Mitbestimmungsregelung sind die in Paragraph 5, Absatz 3 des Betriebsverfassungsgesetzes bezeichneten leitenden Angestellten, soweit sie nicht nach Paragraph 105, Absatz 1, Aktiengesetz von der Mitgliedschaft im Aufsichtsrat ausgeschlossen sind.)

Die Wahl erfolgt geheim, nach den Grundsätzen der Verhältniswahl und in gemeinsamer Wahl in den einzelnen Betrieben des Unternehmens.

Vorschlagsberechtigt sind: ein Zehntel der Arbeitnehmer, ein Zehntel der Arbeiter, der Angestellten und der leitenden Angestellten, in jedem Fall genügen 100 Arbeitnehmer oder der Betriebsrat.

3. Wahl der unternehmensangehörigen Arbeitnehmervertreter durch das Wahlmännergremium:

a) Das Wahlmännergremium besteht aus den Wahlmännern aller Betriebe des Unternehmens.

b) Die Wahlen erfolgen geheim, nach den Grundsätzen der Mehrheitswahl und in gemeinsamer Wahl.

c) Die den unternehmensangehörigen Arbeitnehmervertretern vorbehaltenen Aufsichtsratssitze werden auf die Arbeiter, die Angestellten und die leitenden Angestellten aufgeteilt und zwar entsprechend ihrem zahlenmäßigen Verhältnis im Unternehmen. Auf die Arbeiter, die Angestellten und die leitenden Angestellten entfällt je mindestens 1 Aufsichtsratssitz.

d) In den Wahlvorschlägen muß kenntlich gemacht werden, für welchen Sitz der Arbeitnehmer kandidiert.

e) Jeder Wahlvorschlag soll mindestens 2 Bewerber je Sitz enthalten.

f) Vorschlagsberechtigt sind je nach dem zu besetzenden Aufsichtsratssitz: ein Fünftel der Arbeiter, der Angestellten und der leitenden Angestellten des Unternehmens; in jedem Fall genügen 100 Arbeiter, Angestellte oder leitende Angestellte des Unternehmens.

g) Gewählt ist wer im ersten Wahlgang 50 Prozent der Stimmen erhält oder wer in einem zweiten Wahlgang die relative Mehrheit der Stimmen erhält (für den zweiten Wahlgang können neue Vorschläge gemacht werden; dabei genügt ein geringeres Quorum, gegebenenfalls ein Zwanzigstel der insoweit Vorschlagsberechtigten).

4. Wahl der Vertreter der Gewerkschaften:

a) Die Wahl erfolgt durch das Wahlmännergremium geheim und nach den Grundsätzen der Mehrheitswahl.

b) Vorschlagsberechtigt sind alle in den Betrieben des Unternehmens vertretenen Gewerkschaften.

c) In den Wahlvorschlägen muß kenntlich gemacht werden, für welchen Sitz der Bewerber kandidiert.

d) Jeder Wahlvorschlag soll mindestens 2 Bewerber je Sitz enthalten.

e) Gewählt ist, wer im ersten Wahlgang 50 Prozent der Stimmen erhält oder wer in einem zweiten Wahlgang die relative Mehrheit der Stimmen erhält (für den zweiten Wahlgang können neue Vorschläge gemacht werden).

IV. Wahl der Vertreter der Anteilseigner im Aufsichtsrat

Für die von der Hauptversammlung zu wählenden Aufsichtsratsmitglieder gilt (wie für die Wahl der Arbeitnehmervertreter im Aufsichtsrat) folgendes:

1. In den Wahlvorschlägen muß kenntlich gemacht werden, für welchen Sitz der Bewerber kandidiert.

2. Jeder Wahlvorschlag soll mindestens 2 Bewerber je Sitz enthalten.

3. Gewählt ist, wer im ersten Wahlgang 50 Prozent der Stimmen erhält oder wer in einem weiteren Wahlgang die relative Mehrheit der Stimmen erhält (für den zweiten Wahlgang können neue Vorschläge gemacht werden).

V. Vorstand

1. Wahl:

a) Die Wahl der Vorstandsmitglieder durch den Aufsichtsrat erfolgt mit einfacher Stimmenmehrheit.

b) Widerspricht die Mehrheit der Anteilseigner- oder der Arbeitnehmerbank im Aufsichtsrat der Wahl eines Vorstandsmitglieds, so schließt sich — gegebenenfalls nach Einschaltung einer von Aufsichtsratsmitgliedern der Anteilseigner- und der Arbeitnehmerbank paritätisch gebildeten Vermittlungsstelle — ein zweiter Wahlgang an. Gewählt ist in diesem zweiten Wahlgang, wer die einfache Mehrheit der Stimmen des Aufsichtsrats erhält (für den zweiten Wahlgang können neue Vorschläge gemacht werden).

2. Vorstandsvorsitzender: Der Vorstandsvorsitzende ist „Primus inter pares". Satzungs- und Geschäftsordnungbestimmungen, die dem Vorstandsvorsitzenden ein entscheidendes Stimmrecht einräumen (Stichentscheid), sind unzulässig.

3. Vorstandsmitglied für die Personal- und Sozialangelegenheiten: Ein Mitglied des Vorstandes muß vorwiegend für die Personal- und Sozialangelegenheiten zuständig sein.

VI. Inkrafttreten

Die neue Mitbestimmungsregelung soll so zügig dem Kabinett vorgelegt und im Bundestag beraten werden, daß sie zum 1. Januar 1975 in Kraft treten kann.

IV. Streikrecht der leitenden Angestellten

1. Tarifvertragsgesetz

in der Fassung vom 25. April 1969[1]

(Auszug)

...

§ 2. Tarifvertragsparteien

(1) Tarifvertragsparteien sind Gewerkschaften, einzelne Arbeitgeber sowie Vereinigungen von Arbeitgebern.

(2) Zusammenschlüsse von Gewerkschaften und von Vereinigungen von Arbeitgebern (Spitzenorganisationen) können im Namen der ihnen angeschlossenen Verbände Tarifverträge abschließen, wenn sie eine entsprechende Vollmacht haben.

(3) Spitzenorganisationen können selbst Parteien eines Tarifvertrages sein, wenn der Abschluß von Tarifverträgen zu ihren satzungsgemäßen Aufgaben gehört.

(4) In den Fällen der Abs. 2 und 3 haften sowohl die Spitzenorganisationen wie die ihnen angeschlossenen Verbände für die Erfüllung der gegenseitigen Verpflichtungen der Tarifvertragsparteien.

...

2. Leitende dürfen selbstverständlich auch streiken[2]

von Franz-Jürgen Säcker

(Auszug)

...

III. Verfassung und geltende Arbeitsgesetze lassen ebenso eigene Tariforganisationen der leitenden Angestellten zu wie den Eintritt leitender Angestellter in bestehende Fachverbände.

[1] BGBl. I, S. 1323.
[2] DLA 1972, Heft 11.

Den leitenden Angestellten steht als Arbeitnehmern auch das Rest zu, zur Durchsetzung ihrer Ansprüche zu streiken bzw. sich am Streik von Fachgewerkschaften zu beteiligen[29], jedenfalls dann, wenn Gegenstand des Tarifvertrages auch Regelungen sind, die für leitende Angestellte gelten sollen. Ob sie auch dann streiken dürfen, wenn es nicht um eigene Belange geht, sondern nur um Lohnansprüche nichtleitender Angestellter, ist ein sehr intrikates Problem. Grundsätzlich hält die herrschende Lehre ein Mitstreiken für zulässig, und zwar auch dann, wenn kein mittelbar eigenes Interesse verfolgt wird[30]. Folgt man dieser (meines Ermessens allerdings zu Recht bestrittenen) Ansicht, so bestünden gegen die Streikteilnahme aus *allgemeinen* Gesichtspunkten keine Bedenken. Lehnt man diese Ansicht dagegen ab, muß man folgerichtig die Zulässigkeit eines Streiks der leitenden Angestellten zur Förderung eines Tarifvertrages, der für sie keine Geltung erlangt, verneinen.

Kein spezielles Streikverbot

Andererseits glaube ich nicht, daß, wie gelegentlich behauptet wird, aus der „Nähe" des leitenden Angestellten zur Unternehmensspitze, aus seiner Wichtigkeit für das Unternehmen gerade im Streikfall und aus dem besonderen Vertrauensverhältnis zur Unternehmensleitung ein *spezielles* Streikverbot für leitende Angestellte, und zwar unabhängig von einer Notdienstlage abgeleitet werden kann. Es ist — vom Standpunkt uneingeschränkter Zulassung des Sympathiearbeitskampfes aus — Sache des leitenden Angestellten zu entscheiden, wem im

[29] Eine Verweigerung oder Abstufung des Streikrechts unter dem Gesichtspunkt der Vergütungshöhe nach dem Motto: „Wer viel verdient, darf nicht streiken" ist im Bereich des Art. 9 Abs. 3 GG nicht möglich. Denn das durch Art. 9 Abs. 3 GG mitgewährleistete Streikrecht ist kein Arme-Leute-Recht, das auf die Forderung nach höheren Stundenlöhnen beschränkt ist; es erlaubt die kollektive Regelung aller Arbeits- und Wirtschaftsbedingungen. Die spezifische Schutzbedürftigkeit leitender Angestellter liegt eben gerade nicht im Lohnbereich, sondern im Bereich der sonstigen Arbeits- und Wirtschaftsbedingungen (Kündigung, Abfindung, Wettbewerbsverbot, etc.).

[30] Vgl. dazu die Nachweise bei Hueck-Nipperdey, Lehrbuch des Arbeitsrechts, 7. Aufl., Bd. II/2, 1970, § 49 B II 2, S. 1009.

Streikfall seine Sympathie gehört, und sich vor späterer Maßregelung zu schützen. Die Unternehmensleitung, die durch rechtliche Verbote statt durch entsprechende Arbeitskonditionen und durch ein entsprechendes Betriebsklima in der oberen Führungsetage die Streikteilnahme ausschließen will, scheint mir ohnehin schlecht beraten. Soweit schließlich argumentiert wird, daß die Sicherung der Aktionsfähigkeit der Arbeitgeberseite gegenüber ihrem sozialen Gegenspieler gebiete, die Arbeitgeberfunktionen ausübenden leitenden Angestellten in der allgemeinen Arbeitskampfsituation der Arbeitgeberseite auch rechtlich zuzuordnen, so wird dabei verkannt, daß die Rechtsordnung nicht die Funktionsfähigkeit des Konfrontationsmechanismus in jedem Augenblick und schlechthin garantiert, sondern nur die *Möglichkeit* funktionsgerechter Ordnung gewährleistet.

Art. 9 Abs. 3 GG enthält keine Sachverhaltsgarantie, sondern nur eine Normenkomplexgarantie[31]. Selbst wenn alle leitenden Angestellten von ihrem Recht Gebrauch machen sollten, gemeinsam mit den übrigen Arbeitnehmern zu streiken, wäre das (jedenfalls vom Standpunkt der Anhänger uneingeschränkter Zulässigkeit des Sympathiearbeitskampfes aus) *rechtlich* nicht zu beanstanden. Die Rechtsordnung sichert der Unternehmensspitze nur die Möglichkeit, auf die leitenden Angestellten „moral persuasion" und entsprechend attraktive Ausgestaltung der Arbeitsbedingungen Einfluß zu nehmen, damit sie dem Unternehmen auch während des Arbeitskampfes ihre Arbeitskraft zur Verfügung stellen.

Die gegenwärtige Prägungsoffenheit der geltenden Rechtsordnung hinsichtlich der Stellung und Entwicklung des Status der leitenden Angestellten sollte meines Ermessens auch nicht durch eine der Legislative vorpreschende, in der sozialen Wirklichkeit nicht hinreichend abgesicherte *richterliche* Verbotsgesetzgebung aufgehoben werden, die die leitenden Angestellten unabhängig von der zukünftigen Entwicklung ihres Selbstverständnisses, ihres Schutzbedürfnisses und der allgemeinen

[31] Vgl. dazu näher Säcker, Grundprobleme der kollektiven Koalitionsfreiheit, 1969, S. 68 f.

sozialpolitischen Entwicklung von den übrigen Arbeitnehmern endgültig rechtlich abspaltet; die Rechtsordnung sollte vielmehr in diesem Punkte einstweilen ebenso offen bleiben, wie sie es hinsichtlich der gesetzlichen Anerkennung der Institution der Sprecherausschüsse geblieben ist und die Wanderungsbewegung der leitenden Angestellten auf dem schmalen Grad zwischen funktioneller Arbeitgeberstellung, von unten betrachtet, und statusmäßiger Arbeitnehmerposition, von oben betrachtet, nicht vorschnell mit *rechtlichen* Leitmaximen abzubremsen versuchen.

...

Register

Aktuelle Dokumente de Gruyter

Dokumentationen zu aktuellen Problemen in Recht, Politik und Wirtschaft

herausgegeben von Ingo von Münch

Soziale Marktwirtschaft

Zusammengestellt von Dirk Geitner und Peter Pulte

187 Seiten. 1974. DM 14,80

ISBN 3 11 004598 2

Einführung — Alternativ-Modelle: Sozialismus — Liberalismus. — Ordoliberalismus als Vorläufer der sozialen Marktwirtschaft. — Reden: Erhard — Adenauer — Schumacher — Schiller — Friederichs. — Programme Parteien (CDU - SPD - F.D.P.) — Gewerkschaften (DGB - DAG - CGD) — Arbeitgeberverbände (BDA - BDI - DIHT) — Kirchen (Kath. Kirche - Evangelische Kirche) — Wissenschaftliche Aussagen: Kritik an der sozialen Marktwirtschaft — Verteidigung der sozialen Marktwirtschaft (Beitrag von Müller Armack) — Soziale Marktwirtschaft und Grundgesetz (Verbot der Einführung der Planwirtschaft — Wirtschaftsrechtliche Neutralität der Verfassung).